KB176346

공무원 2배속 스마트폰 합격법

공무원 2배속 스마트폰 합격법

송 기 범 지음

6개월이면
공무원 합격할 수 있다

$$M = r \times c / b$$

Memory | Repeat | Concentration | Book
장기기억 | 교재반복횟수 | 집중력 | 교재 내용

하루 동안의 집중력을 교재의 분량으로 나눈 후 반복 횟수를 곱하면 장기기억이 된다.

오랜 기간에 걸친 공부법 분석과 뇌과학 공부를 통해서 저자가 만들어 낸 공무원 합격에 관한 공식이다. 이 식에서 **교재 내용(b)을 모두 장기기억(M)으로 저장하기 위해서는 충분한 집중력(c)을 가지고 교재를 여러 번 반복(r)해서 공부해야만 한다.**

그런데 수험생마다 집중력과 교재의 반복 횟수에 차이가 날 수밖에 없다. 2배속 공부법은 이러한 차이를 줄이기 위해서 만들었다. 2배속 공부법을 실천한다면 공무원 합격 공식은 이렇게 바뀌게 된다.

$$M = r \times c / b \Rightarrow 4 \times r \times c / b$$

이처럼 집중력과 반복 횟수가 모두 2배로 늘어나기 때문에 장기기억을 만드는 데 걸리는 기간이 4배나 짧아지게 된다.

9급 공무원 합격자의 평균 공부 기간이 2년이므로 2배속 공부법을 하게 되면 공부 기간이 2년에서 6개월로 크게 짧아진다. 즉 24개월/4=6개월이 된다. 따라서 2배속 공부법을 실천한다면 누구나 6개월 안에 공무원 시험에 합격할 수가 있다.

#모범생 공부법을 버려라!

현재 여러분은 어떤 방법으로 공부를 하고 있는가? 아마도 모범생들의 공부법을 따라 하고 있을 것이다.

예를 들어 공부 계획 세우기, 예습과 복습 철저히 하기, 노트 정리 잘하기, 기출문제 분석하기 등등. 이렇게 여러분의 두뇌를 매우 피곤하게 만드는 것이 바로 모범생 공부법이다.

#모범생 공부법은 어려운 한자 vs 2배속 공부법은 쉬운 한글

모범생 공부법은 조선 시대 양반이 주로 쓰던 어려운 한자
(漢字)와도 같다. 이와 달리 2배속 공부법은 모든 사람을 위한
쉬운 한글이라고 할 수 있다. 2배속 공부법은 최신 뇌과학 연
구를 통해서 개발한 대단히 단순한 공부법이기 때문이다.

지난날 필자는 거의 3년 동안을 모범생 공부법으로 시간만
낭비하다가 우연히 알게 된 2배속 공부법으로 쉽게 공무원에
합격할 수 있었다.

#쉽게 공부해서 쉽게 합격하자!

이제 더는 모범생 공부법으로 소중한 인생을 낭비하지 마
라. 이 책에 여러분의 꿈을 이루어 줄 비법이 있다. 그 비법이
바로 2배속 공부법이다.

2배속 공부법은 공무원 합격과는 관계가 없는 불필요한 과
정은 모두 버렸다. 그런데도 그 효과는 정말 강력하다. 2배속
공부법은 두뇌의 기억시스템을 최대한 효율적으로 활용할 수
있도록 만들었기 때문이다.

#"단순함이란 궁극의 정교함이다."

유럽의 르네상스를 이끈 천재 예술가 레오나르도 다 빈치 (Leonardo da Vinci)의 말이다. 참으로 세상에 관한 심오한 진리를 담고 있는 명언이다.

2배속 공부법이야말로 이러한 '단순함이란 궁극의 정교함이다.'라는 진리를 실현한 최고의 공부법이다. 따라서 아무리 학습 능력이 떨어져도 한글만 읽을 줄 안다면 누구나 2배속 공부법으로 공무원 시험에 쉽게 합격할 수 있을 것이다. 수험생 여러분의 행운을 빈다!

#2배속 공부법 맛보기

본문을 시작하기 전에 2배속 공부법을 요약해 주겠다. 맛보기로 2배속 공부법을 잠시 해 본다면 앞으로 읽게 될 본문이 더 잘 이해가 될 것이다.

1. 스마트폰과 공부할 교재를 준비한다.

2. 스마트폰의 녹음 기능을 누른 후 약 10분 동안 교재의 첫 부분부터 낭독하면서 녹음한다.

3. 10분이 지나면 녹음한 내용을 저장한다.

4. 녹음한 내용을 다시 들으면서 그에 해당하는 교재의 문장을 눈으로 따라가면서 동시에 정독한다.

5. 녹음한 내용을 2배속으로 다시 들어본다.

여기까지가 2배속 공부법의 주요 내용이다.

이제 여러분의 꿈을 이루어줄 2배속 공부법에 대해 본격적으로 설명하겠다.

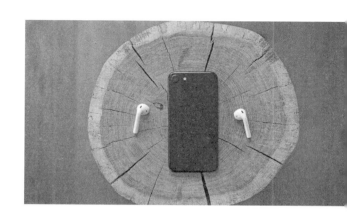

목차

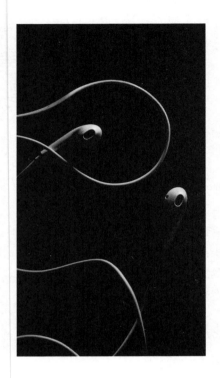

왜
2배속
공부법이
필요한가
?

2배속 공부법을 만나다 | 집중력은 한정된 자원이다 | 뇌과학에 충실한, 가장 실전적인 2배속 공부법 | 공무원 시험 = 단순 기억력 테스트 | 단순하게 공부해야 빨리 합격한다

2배속 공부법을
만나다

어릴 적부터 장래 희망은 공무원이었다. 당시 저자는 커서 공무원이 되겠다고 수없이 다짐했다. 대학교 때부터 전공 공부는 제쳐두고 공무원 공부에만 매달렸지만, 시험이 만만치가 않았다. 거의 3년간 노력했지만 계속 실패했다.

돌이켜보면 당시의 저자에게는 소위 모범생 공부법이 맞지 않았던 것 같다. 3년간 아무런 성과가 없자 포기하고 다른 직업을 알아보려고 했다.

전공과는 상관없는 일반 회사에 지원하기로 했다. 지원에 필요한 서류를 받기 위해서 근처에 있는 학교 행정실로 갔다.

이곳에서 우연히 저자의 인생을 바꾸어 줄 은인을 만나게 된다. 나이가 있어 보이는 행정실장이 이것저것 말을 붙이는 것이었다.

"졸업증명서는 어디에 쓰시는 거죠?"
"일반 회사에 지원하려고요."

"아직 나이도 어려 보이는데 공무원 시험을 보는 게 어때요?"
"3년을 공부했는데 보는 시험마다 다 떨어져서 포기했어요."

"공부를 어떻게 하셨나요?"
"학원에 다니면서 나름대로 열심히 했는데 안 되더라고요."

"학원 공부는 이것저것 봐야 할 게 참 많아요. 차라리 교재 전부를 통째로 녹음했다가 다시 들어봐요. 저는 교회의 성경 책을 통째로 녹음했다가 여러 번 반복해서 들으니까 눈감고도 다 외워지더라고요."
"책을 전부 다 녹음한다고요?"

"공부하기 싫은 학생에게 효과가 참 좋아요. 제 아들도 이 방법으로 공무원에 합격했어요."

이 얘기를 듣자 갑자기 정신이 번쩍 들었다. 사실 학원 강의를 녹음했다가 반복해서 듣는 수험생도 있지 않은가?

잠시 생각을 정리할 필요가 있었다. 그동안 쉴새 없이 달려왔지만 아무런 성과가 없었기 때문이다. 그길로 바로 근처의 도서관을 찾아갔다. 무언가 방법이 생길 것만 같았다. '책 속에 길이 있다'라고 하지 않았던가?

일단 공부법과 관련된 책을 열심히 찾아서 읽었다. 혹시나 행정실장이 말한 녹음하여 공부하는 것에 관한 내용이 있는지 살펴봤다. 안타깝게도 그런 내용은 전혀 없었다. 책에 있는 내용이 하나같이 다 똑같다. 그냥 죽으라고 열심히 하라는 말뿐이었다.

실망스러웠지만 포기할 수는 없었다. 어떻게든 녹음해서 듣는 공부 방법이 정말 효과가 있는지 알고 싶었다. 그렇게 몇 날 며칠을 도서관에서 살다시피 했다. 그러던 어느 날 영어로 된 뇌과학책에서 우연히 이런 문장을 보게 되었다.

'장기기억은 두뇌의 측두엽 신피질에 저장된다.'

'바로 이거였구나!'

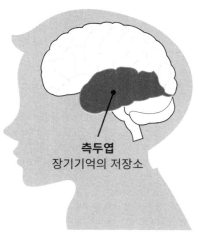

측두엽
장기기억의 저장소

[측두엽은 장기기억의 저장소]

　그 순간 흩어져 있던 퍼즐 조각들이 하나로 맞추어지는 것을 느꼈다. 행정실장의 아들이 공시에 합격한 과학적인 이유가 바로 이것이었다.

　대학교 시절 저자는 1학년 1학기에 학사경고(F)를 받을 정도로 공부가 엉망이었다. 하지만 유난히 독서를 좋아해서 수업을 빼먹고 도서관에서 책만 읽은 적도 많았다. 특히 당시로써는 생소한 분야였던 뇌과학에 관심이 많았다. 저자가 알고 있던 뇌과학 지식으로 판단해볼 때 녹음을 해서 공부하는 방법은 확실히 효과가 있는 것 같았다.

교재의 내용은 우리 두뇌에 장기기억(의미기억=공부기억)으로 저장된다. 이러한 장기기억이 저장되는 장소는 두뇌 옆쪽에 있는 측두엽이다. 그런데 측두엽에는 청각피질이 있고, 바로 위쪽에는 언어를 이해하는 베르니케 영역(Wernicke's area)이 있다. 바로 안쪽에는 기억에서 가장 중요한 부위인 유명한 해마(hippocampus)도 있다. 이렇게 청각피질은 교재의 내용인 장기기억에 중요한 부위들과 서로 가까이 있다. 이것은 무엇을 의미하는 것일까?

우리가 교재를 녹음할 때의 과정을 뇌과학적으로 살펴보자. 녹음할 때 입에서 나온 소리는 귀에서 청각피질에 도착한

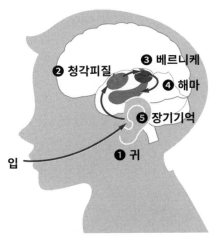

[낭독이 장기기억이 되는 과정]

다. 이러한 소리 자극은 다시 베르니케 영역을 통해서 그 의미가 해석된다. 이렇게 해석된 소리는 최종적으로 해마에 정보의 형태로 저장이 된다. 그 후 우리가 잠을 잘 때 해마에 저장된 정보가 측두엽에 옮겨져 장기기억(공부기억)이 되는 것이다. 이 과정을 간단히 하면 다음과 같다.

1. 귀 ➡ 2. 청각피질 ➡ 3. 베르니케 ➡ 4. 해마 ➡ 5. 장기기억

이와 반대로 교재를 눈으로만 공부할 때(일명 묵독)의 과정도 살펴보자.

교재의 내용인 시각 자극은 눈에서 후두엽의 시각피질에 도착한다. 시각피질에 도착한 자극은 다시 전두엽에 있는 브로카 영역(Broca's area)을 통해서 소리로 바뀌게 된다. 이 소리는 다시 베르니케 영역을 통해서 그 의미가 해석된다. 이후 해마를 통해서 장기기억으로 저장이 된다. 이 과정 또한 간단히 하면 다음과 같다.

1. 눈 ➡ 2. 시각피질 ➡ 3. 브로카 ➡ 4. 베르니케 ➡ 5. 해마 ➡ 6. 장기기억

이제 청각 자극과 시각 자극이 장기기억으로 저장되는 경로

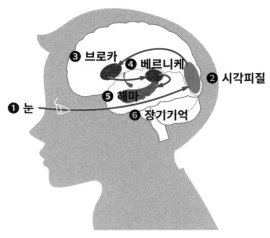

[묵독이 장기기억이 되는 과정]

를 비교해보자. 청각 자극이 시각 자극과 비교하여 지나가는 경로가 훨씬 더 짧은 것을 알 수가 있다. 이유는 청각 자극은 장기기억이 되기까지의 모든 경로가 측두엽 안에서만 이루어지기 때문이다.

반면 시각 자극은 장기기억이 되기 위해 후두엽과 전두엽이라는 상대적으로 더 먼 길을 지나가야만 한다.

실제로 청각은 시각보다 자극을 처리하는 속도가 훨씬 더 빠르다. 100m 달리기 경주에서 출발신호가 총소리인 이유는 이 때문이다.

제1장

따라서 여러분은 이러한 점을 공부에 적극적으로 활용할 필요가 있다. 두꺼운 교재 한 권을 공부할 때 이러한 속도 차이는 계속해서 누적되기 때문이다.

즉 시각만을 사용할 때보다는 청각을 함께 사용할 때 교재한 권을 전체적으로 다 보는 데 걸리는 시간이 훨씬 줄어드는 것이다.

물론 교재 여러 권을 전부 다 녹음한다는 것이 쉽지가 않을 것이다. 하지만 처음에 교재를 공부할 때는 그 내용을 자세히 이해하기 위해 속으로 발음(속발음)을 해야만 한다. 따라서 어차피 해야 한다면 속으로 발음하지 말고 차라리 바깥의 소리인 낭독을 하라는 것이다.

이미 설명했듯이 청각은 시각보다 장기기억이 되는 속도가 빠르다. 따라서 녹음을 하면서 낭독을 하면 그만큼 교재의 내용을 더 빨리 그리고 더 많이 이해할 수가 있다. 더군다나 낭독하기 위해서는 순간순간 교재의 내용을 눈으로 확인해야 하므로 정독의 효과까지 볼 수가 있다.

이렇게 교재를 녹음하면서 공부하면 시각과 청각을 모두 사용하기 때문에 우리 두뇌에 더 많은 자극을 줌으로써 더 많은 내용을 더 빨리 기억할 수 있게 된다.

- 모범생 공부법: 시각만을 사용한 속발음 독서
- 녹음기 공부법: 시각과 청각을 모두 사용하는 낭독 독서

이제 모든 것이 명확해졌다. 어쩌면 지난 3년간의 고생을 보상받을 수도 있겠다는 생각이 들었다.

3년 동안 모범생 공부법으로 했는데도 실패를 했으니 이제는 방법을 바꾸어야 한다.

먼저 응시할 공무원 직렬부터 확실히 정했다. 지방직 9급 교육행정직으로 하기로 했다. 시험 일정을 보니 앞으로 8개월 정도가 남았다. 시간이 너무 빠듯했다.

이 시험에 모든 걸 걸었다. 이번에도 실패하면 정말 공무원을 포기할 생각이었다.

공부 계획부터 다시 세웠다. 9급 과목이 5과목이니 그에 맞는 계획을 세웠다.

이후 과목별로 녹음을 하면서 녹음기 공부법에 적응해갔다.

이렇게 교재의 내용을 눈으로 보면서 목소리로 녹음을 하니 이전보다 훨씬 공부에 집중할 수 있었다. 또한 녹음한 내용이 자꾸 귓가를 맴도는 신기한 경험도 했다. 확실히 뭔가 이루어지는 것 같았다.

공부 개월 수	1개월	2~5개월	6개월	7개월	8개월
공부 내용	5과목 녹음 작업	5과목 녹음 듣기	정독으로 최종 마무리	학원 모의고사	시험

대략 1개월 5과목에 대한 녹음을 끝낸 후 이제는 녹음한 내용을 들으면서 교재를 공부해나갔다. 그러던 중 별안간 또 다른 깨달음이 떠올랐다. 시험 기간이 얼마 안 남았는데 차라리 녹음한 내용을 2배속으로 해서 빨리 들어보면 어떨까?

5과목을 2배속으로 해서 듣기 시작했다. 처음에는 이전보다 빠른 속도에 당황했지만 이내 적응이 되었다. 사실 이렇게 속도를 빨리하는 일명 속독은 여러분이 실제 시험을 볼 때 정말 좋은 훈련이 된다.

실제 시험 상황을 생각해보라. 5과목의 제한 시간이 100분이니 한 과목당 20분이 시간이 주어진다. 실제 시험을 보면 알겠지만 9급 5과목을 100분 안에 모두 풀기에는 시간이 너무나 부족하다. 따라서 어쩔 수 없이 모든 문제를 속독해야만 한다. 그 속독을 미리 훈련하는 것이 바로 2배속 공부법이다.

2배속 공부법을 하면서 느낀 점은 정독 속도가 이전보다 정말 많이 빨라진다는 것이다. 당시 3~4개월 정도를 녹음기 2배속으로 들은 후에 마지막 정리를 위해 이제는 녹음을 듣지 않고 교재를 정독했다. 그랬더니 이전과는 비교가 안 될 정도로 빠르게 교재 내용을 읽고 이해할 수 있었다. 또한 속독법 책에 공통적으로 나오는 것처럼 문장 전체가 통째로 보이는 경험까지 하게 되었다.

이제 2배속 공부법에 대한 확신이 생겼다. 원래 계획했던 것보다 1개월 빠르게 최종정리를 한 후 학원에서 실시하는 모의고사에 여러 차례 응시했다. 저자의 객관적인 실력을 알고 싶었기 때문이다. 그 결과 놀랍게도 응시하는 모의고사마다 계속 1등을 차지했다.

그리고 실제 시험이 있기 대략 2개월 전에 전국의 유명한 학원에서 함께 실시하는 9급 교육행정직 모의고사에 응시했다. 결과는 전국에서 189명 응시에 4등이었다. 이렇게 자신감을 얻은 저자는 실제 시험에서 좋은 성적으로 합격할 수 있었다.

집중력은
한정된 자원이다

공무원이 된 후 오랜 기간 꾸준히 분석한 결과 시험에 합격하는 수험생은 미리 정해져 있다는 것을 알았다. 이들에게는 다음과 같은 공통점이 있었다.

1. 경제적인 지원
2. 집중력

해가 갈수록 높아지는 공시 경쟁률과 시험 난이도로 인해 수험생의 공부 기간이 점점 길어지고 있다. 그 결과 오랜 기간을 공부에만 꾸준히 집중할 수 있는 가족들의 경제적 지원과 수험생 본인의 집중력이 더욱 중요해지고 있다.

그렇다면 이 두 조건 중 어떤 것이 합격에 더 중요할까?

당연히 집중력이 더 중요하다고 생각할 것이다. 외부의 경제적인 지원과 달리 집중력은 본인의 노력 여하에 따라서 얼마든지 키울 수 있는 능력으로 생각하기 때문이다.

하지만 이 집중력 또한 경제적인 지원처럼, 여러분이 어찌할 수 없는 조건이라는 사실이 여러 가지 과학 연구를 통해 증명되고 있다. 그 이유를 설명하기 전에 먼저 공시 합격에 필요한 '집중력'에 대해서 알아볼 필요가 있다.

집중력의 사전적인 정의는 아래와 같다.

집중력	마음이나 주의를 오로지 어느 한 사물에 쏟을 수 있는 힘 <출처: 다음 사전>

풍부한 뇌과학 지식을 바탕으로 오랜 기간 공부법을 연구한 저자가 생각하는 공부와 관련된 집중력의 정의는 이렇다.

$$C = u \times v$$

Concentration   understanding   velocity
집중력   독서 이해력   독서 속도

독서법에 관한 수많은 책을 보면 공통적으로 개인의 독서 능력은 독서의 이해력과 속도로 이루어진다고 본다. 저자는 이러한 독서 능력이 집중력과 같은 개념이라고 생각한다. 왜냐하면 수험생이 집중력을 가장 많이 투자해야 하는 대상이 교재이고, 이러한 교재의 내용을 잘 이해하기 위해 가장 필요한 것이 바로 독서 능력이기 때문이다.

이처럼 공무원 시험에서 말하는 집중력은 독서 능력과 같은 말이다.

집중력 = 독서 능력

그런데 이렇게 합격에 중요한 조건인 집중력, 즉 독서 능력은 저마다의 유전적인 성향과 살아온 환경에 따라서 결정이 된다고 한다. 따라서 절대로 단시간에 키울 수가 없다. 이에 대한 근거를 몇 가지 말해보겠다.

먼저 2018년 당시 국내 비영리 공익단체에서는 '가정의 경제력에 따른 초등학생의 교과 어휘력 격차에 관한 조사'를 실시했다. 서울과 경기 지역에 있는 24개 학교의 5학년 학생 1,133명을 대상으로 국어, 수학, 사회, 과학 등의 점수를 통해서 교과 어휘력을 살펴본 것이다. 그 결과 일반적인 경제력

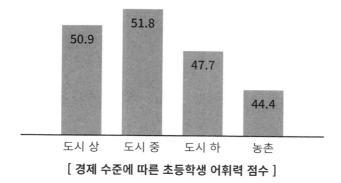

[경제 수준에 따른 초등학생 어휘력 점수]

의 기준인 집값에 따라서 학생들의 어휘력에 차이가 큰 것으로 나타났다.

여기서 말하는 어휘력이 바로 많은 단어를 이해할 수 있는 능력, 즉 독서 능력을 말한다.

잘 알다시피 어린이의 지적 성장에 부모는 가장 큰 영향을 준다. 부모의 경제력과 교육 수준이 높을수록 자녀에게 더 좋은 교육환경을 제공해 줄 수가 있다. 그중의 하나가 바로 어휘력인데 이것은 인품이 훌륭한 부모와의 많은 대화와 다양한 독서 경험을 통해서 자연스럽게 얻게 된다. 이로 인해 좋은 환경에서 자란 어린이는 그렇지 못한 어린이보다 훨씬 더 많은 단어를 알고 있으므로 독서 능력에서도 크게 앞서게 된다.

이처럼 부모의 경제력에 따라 자녀의 독서 능력에 차이가 나게 된다.

여기에 덧붙여서 유전적인 영향 또한 무시할 수가 없다.

먼저 일란성 쌍둥이와 이란성 쌍둥이를 대상으로 정신 능력을 비교한 연구가 있다. 그동안 과학자들은 인간의 학습 능력에 관해 쌍둥이를 통한 연구를 많이 해왔다. 이 연구에서는 작업기억과 언어, 그림 정보 등에 대한 이란성과 이란성 쌍둥이의 학습 능력을 비교하였다. 그 결과 일란성 쌍둥이가 이란성 쌍둥이보다 더욱 유사한 학습 능력을 보이는 것으로 나타났다.

최근에는 사람의 11번 염색체에 있는 BDNF(뇌 유래 신경 영양인자) 유전자가 인간의 학습과 기억에 영향을 많은 영향을 주는 것으로 나타났다. BDNF는 인간의 기억이 강화될 때 나타나는 현상인 LTP(Long Term Potentiation; 장기강화작용)와 관련이 있다.

오른쪽 페이지의 그림을 보면 BDNF 유전자는 가장 일반적인 형태로 Val이라는 대립유전자(alleles)를 가지고 있다. 그런데 약 3분의 1의 사람들은 대립유전자 중의 일부를 Met으로 가지고 있다. 이렇게 BDNF의 대립유전자로 Val 대신 Met을

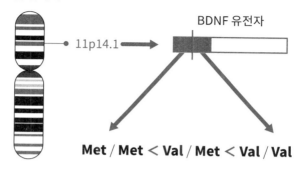

[학습 능력에 영향을 미치는 BDNF의 대립유전자]

하나라도 가지게 되면 학습 능력이 떨어진다고 한다.

실제로 Val과 Met 대립유전자의 조합이 다른 사람들을 대상으로 학습과 기억 능력에 관한 실험을 했다. 그 결과 2개의 Val 대립유전자(Val/Val)를 가진 사람이 2개의 Met 대립유전자(Met/Met)를 가진 사람보다 학습과 기억 점수가 더 뛰어난 것으로 나타났다. 그리고 1개의 Met 대립유전자(Val/Met)를 가진 사람은 평균적인 점수를 나타냈다(부끄럽지만 저자의 유전자 조합은 아마도 Met/Met일 것이다).

다음으로 지난 2021년 국제학술지 'Frontiers in Psychiatry'에 발표된 인간의 기질은 타고난다는 연구도 있다. 인간의 두뇌 안에는 각각의 영역을 연결하는 일종의 '기능적 연결망'이 있다. 이 기능적 연결망은 3가지로 나눌 수가 있다.

1. **전두엽 연결성**(FPN): 감정과 집중력 제어
2. **디폴트 모드 연결성**(DMN): 휴식을 취할 때 작동
3. **상동 반구간 네트워크**(HIN): 감정 조절과 관련

이 연구에서는 신생아와 생후 1개월 된 아기를 대상으로 이 3가지 연결성을 측정했다. 그 결과 이 3가지 연결망이 아기마다 큰 차이를 보인 것으로 나타났다. 이 연구 결과는 인간은 이미 태어날 때부터 고유한 기질을 타고난다는 것을 보여주고 있다.

특히 3가지 연결성 중에서 '전두엽 연결성'이 강한 아이의 경우 학교에 진학했을 때 다른 아이보다 기존의 모범생 공부법에 잘 적응하게 될 것이다. 그 결과 학습 능력에 차이가 나는 것이다.

이처럼 여러분의 독서 능력은 부모의 경제력과 유전적인 요인 모두에 큰 영향을 받게 된다.

그렇다면 부모의 경제력과 유전적인 독서 능력이 모두 떨어

지는 수험생은 공부를 포기해야만 할까?

  절대 그렇지 않다. 이 책의 2배속 공부법은 집중력이 떨어지는 수험생도 충분히 교재의 내용을 이해할 수 있도록 저자가 절묘하게 만들었기 때문이다. 서문에서 저자가 말했던 아래의 공식을 보라.

  이 식 'M=r×c/b'는 여러분이 모범생 공부법으로 공부할 때의 결과를 말한다. 하지만 2배속 공부법을 하게 된다면 공식은 'M=2×r×2×c/b'로 바뀌게 된다. 즉 교재 반복 횟수와 집중력이 모두 2배로 상승하게 되는 것이다.

  이처럼 타고난 독서 능력이 떨어지는 수험생이 2배속 공부법을 실천한다면 본인의 유전적인 한계까지도 뛰어넘을 수 있게 된다.

  이 식의 집중력에 대해 여러분이 이해해야 할 또 한 가지 사항은 '집중력은 우리의 눈에 보이는 실체가 있는 한정된 자원'이라는 것이다.

일반적으로 우리가 알고 있는 집중력은 눈에 보이지 않는 추상적인 개념이다. 하지만 오랜 기간 뇌과학을 공부한 저자는 이러한 집중력을 눈에 보이는 물리적인 양으로 표현할 수 있다고 생각한다. 쉽게 말해서 숫자로 표시할 수 있다는 것이다.

실제로 유명한 심리학자인 미국의 로이 F. 바우마이스터(Roy F. Baumeister) 교수가 저자와 같은 생각을 하고 있다. 그는 '인간의 의지력(willpower)이 한정된 자원'이라는 것을 다양한 실험을 통해서 보여주고 있다. 의지력의 정의는 아래와 같다.

의지력	어떠한 뜻을 세워 이루려는 마음을 굳세게 지켜나가는 힘 <출처: 다음 사전>

사전적인 정의를 통해서도 알 수 있듯이 의지력과 집중력은 거의 비슷한 말임을 잘 알 수가 있다.

따라서 바우마이스터 교수가 말하는 '의지력'은 '집중력'이라는 말로 바꾸어 말할 수 있겠다.

이러한 이유로 집중력 또한 한정된 자원으로 볼 수 있다는 것이다.

이제 '의지력은 한정된 자원'이라는 것을 보여주는 유명한 실험을 소개하겠다.

대학생들을 두 그룹으로 나눈 후 아래의 절차로 실험을 하였다.

1. 두 그룹의 대학생들에게 악력계를 몇 번 쥐게 한 후 수치를 기록.

2. 대단히 슬픈 영화를 보여주면서 한 그룹은 자신의 감정을 얼마든지 표현하게 하고 다른 그룹은 감정을 억제하게 했다.

3. 영화가 끝난 후 두 그룹의 대학생들에게 다시 한번 악력계를 쥐게 하여 영화를 보기 전의 수치와 비교.

실험 결과 흥미롭게도 슬픈 영화를 보면서 감정을 억제한 학생들이 그렇지 않은 학생들에 비해서 영화를 보기 전보다 악력계의 수치가 많이 떨어진 것으로 나타났다. 여기서 실험에 사용된 악력계는 의지력이라는 마음의 힘을 눈에 보이는 일종의 물리적인 수치로 보여주고 있다.

이처럼 영화 감상 전에 악력계로 나타난 대학생들의 의지

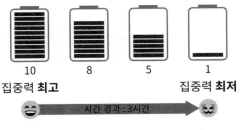

10 집중력 **최고** **8** **5** **1** 집중력 **최저**

시간 경과 : 3시간

[공부 시간에 따른 집중력의 변화]

력이 영화 감상 중의 감정 억제로 상당히 소모됐다는 것을 알수가 있다. 따라서 이 실험은 인간의 의지력은 물리적으로 측정할 수 있고, 소모도 될 수 있는 일종의 자원이라는 것을 보여주고 있다.

이제 이렇게 실체가 있는 한정된 자원인 집중력(의지력)을 여러분의 공부와 비교하여 설명해보겠다. 위의 그림을 보라.

그림처럼 집중력을 에너지가 충전되는 것으로 보면 이해가 쉽다. 시간이 지날수록 집중력이 떨어지는 것을 알 수가 있다.

이제 이 그림을 통해 합격생과 불합격생을 비교해보자. 그전에 이와 관련한 중요한 가정을 하나 하겠다.

제1장

[가정] 모든 수험생이 하루 동안 사용할 수 있는 집중력의 값은 10
으로 모두 같다. 다만 공부하는 시간이 지남에 따라서 줄어
드는 집중력의 정도는 개인차가 있다.

잘 알다시피 공부는 두뇌로 하는 것이다. 뇌과학자들은 이런 말을 자주 한다. '구조는 기능을 반영한다.' 지구에 사는 모든 인간의 두뇌 구조는 모두 같으므로 두뇌 기능도 비슷할 수밖에 없다. 따라서 하루 24시간의 일과 중 보통 사람들의 집중력의 값을 숫자인 10으로 가정하는 것이 무리는 아닐 것이다.

이 부분에서 예리한 독자가 이런 질문을 할 수도 있겠다.

"저자는 앞에서 분명히 독서 능력(집중력)은 개인마다 차이가 난다고 했다. 그런데 어찌하여 모든 수험생이 하루 동안 사용할 수 있는 독서 능력의 값이 10으로 같은 것인가?"

저자가 말하는 독서 능력의 차이란 모두에게 똑같이 주어지는 한정된 자원인 집중력을 공부하는 동안 얼마나 효율적으로 잘 사용할 수 있는지를 말하는 것이다.

앞에서 말했듯이 독서 능력의 기본은 어휘력이다. 만일 어휘력에 차이가 나는 2명의 수험생이 교재를 공부한다고 해

보자. 어휘력이 뛰어난 수험생은 떨어지는 수험생보다 더 쉽게 교재의 문장을 이해할 수 있을 것이다. 이때 이 두 수험생의 두뇌 안에서 어떤 일이 일어나고 있을까?

어휘력이 뛰어난 수험생은 두뇌의 에너지를 덜 사용하게 될 것이다. 반대로 어휘력이 떨어지는 수험생은 문장을 이해하기 위해서 두뇌의 에너지를 더 많이 사용하게 될 것이다. 따라서 시간이 흐를수록 어휘력이 떨어지는 수험생은 공부에 사용할 수 있는 집중력이 급격히 떨어지게 된다.

이처럼 저자가 말하는 독서 능력의 차이는 모든 수험생에게 똑같이 주어지는 자원인 집중력이 시간에 지남에 따라서 얼마나 빠르게 소모되는지를 나타내는 것이다.

아래 그림을 통해서 합격생과 불합격생의 공부 시간 동안 집중력의 변화 정도를 비교해보자.

공부를 시작할 때 합격생과 불합격생의 집중력의 값은 10으로 같다. 하지만 시간이 지남에 따라서 집중력이 줄어드는 정도가 크게 차이가 난다. 똑같이 3시간을 공부했는데 합격생의 집중력은 아직 7이나 남았다. 이에 반해 불합격생의 집중력은 겨우 1만 남았다.

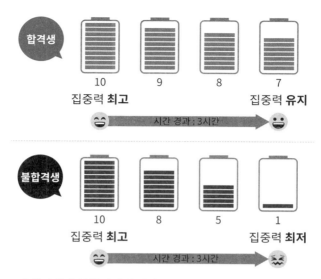

[합격생과 불합격생의 시간에 따른 집중력의 변화 차이]

즉 똑같이 3시간을 공부했지만, 불합격생은 합격생보다 훨씬 더 많은 집중력을 소모한 것이다. 이후 시간이 조금 더 흐른다면 불합격생은 더는 공부에 집중할 수가 없을 것이다.

이처럼 똑같은 공부 시간 동안 불합격생이 집중력을 더 많이 소모한 이유는 교재 내용을 이해하는데 더 많은 집중력, 즉 독서 능력을 소모하기 때문이다.

그렇다면 불합격생이 더 오랜 시간을 공부에 집중할 수 있는 방법은 무엇일까?

왜 2배속 공부법이 필요한가?

그 방법이 바로 교재의 낭독을 통한 2배속 공부법이다. 앞 장에서 설명했듯이 낭독은 묵독보다 장기기억으로 가는 경로가 훨씬 단순하다. 또한 언어의 이해를 담당하는 두뇌 부위인 베르니케 영역에 직접적인 자극을 주게 되어 교재의 내용을 더 쉽게 이해할 수 있게 된다.

이처럼 한정된 자원인 집중력을 아껴서 교재의 이해력을 높일 수 있는 최고의 공부 방법이 바로 2배속 공부법이다.

제1장

뇌과학에 충실한, 가장 실전적인 2배속 공부법

진보란, 정확히 규칙과 규제가 예상치 못한 것이다.
Progress is precisely that which rules and regulations did not
foresee.

- 철학자 루트비히 폰 미제스(Ludwig von Mises)

여러분의 공무원 공부에서 실전은 언제일까?

당연히 실제 시험장에서의 문제 풀이가 될 것이다. 여러분의 최종 목표는 공무원 합격이다. 합격하기 위해서는 당연히 시험장에서 최대한 많은 문제의 정답을 찾아내야만 한다.

- **복싱 경기의 실전 =** 실제 경기장에서 상대 선수에게 가능한 많은 펀치를 때리는 것

■ 공무원 합격의 실전 = 실제 시험장에서 최대한 많은 문제의 정답을 찾아내는 것

만약 여러분의 공무원 공부를 복싱 경기에 비유한다면 여러분의 적(敵, 상대방)은 누구라고 생각하는가?

당연히 같은 시험을 보는 다른 수험생이라고 생각할 것이다. 하지만 틀렸다. 여러분의 적은 바로 공무원 시험 문제를 만든 출제자이다.

잘 생각해보라. 여러분은 같은 시험을 보는 다른 수험생이 어느 정도의 실력을 갖추었는지 전혀 알 방법이 없다. 단지 사전에 공개된 경쟁률을 통해서 어느 정도의 인원이 시험을 보는지만 확인할 수 있을 뿐이다. 따라서 정보를 알 수도 없고 알 필요도 없는, 같은 시험을 보는 수험생은 여러분의 적이 아니라고 봐야만 한다.

이에 반해 실제 시험장에서 만나게 되는 시험 문제는 여러분의 합격을 최대한 방해하는 적이라 할 수 있겠다. 따라서 이 문제를 만든 출제자가 여러분의 적이 되는 것이다.

자, 이제 실전에서 여러분이 만나게 될 적의 실체가 드러났다. 따라서 이 적을 이기는 방법, 즉 공부법을 알아내야만 한다. 그 공부법은 어떤 것일까? 여러분은 그 공부법을 알고 있는가?

아쉽게도 지금까지 이러한 실전에 맞는 공부법은 없었다. 지금까지의 공부법은 모두 실제 시험에서는 쓸모없는 불필요한 과정들만 잔뜩 담고 있었다.

반드시 학원에서 공부하기, 공부 계획 꼼꼼히 세우기, 복습 철저히 하기, 노트 정리 잘하기, 책 내용 요약하기, 사전에 기출문제 분석하기 등등. 조금이라도 다르면 큰일이 날 것처럼 모두 똑같은 방식으로 공부하고 있다.

합격과는 전혀 관계가 없는 쓸모없는 불필요한 과정, 이것이 바로 지금까지의 모범생 공부법이 여러분에게 강요해 온 일종의 규칙이 아닌 규칙인 것이다.

집중력이 뛰어난 소수의 합격생이라면 모를까. 다수의 불합격생이 이런 공부 규칙을 따르는 것은 정말 바보 같은 짓이다. 모범생 공부법은 오직 소수의 합격생만이 지킬 수 있는 규칙이기 때문이다.

실전과 관련된 재밌는 사례가 있다.

쉬샤오둥(徐曉冬/徐曉冬)이라는 종합격투기를 수련한 중국인 무술가가 있다. 그는 일부 무술이 실전에서는 전혀 쓸모가 없다고 신랄하게 비판한다. 이에 몇몇 무술가가 쉬샤오둥을 혼내주겠다며 도전장을 내민다. 결과는?

대부분 쉬샤오둥의 압도적인 승리로 끝이 난다. 경기 시작 전에는 온갖 화려한 동작으로 자신의 무술 실력을 뽐내지만, 실제 싸움에서는 대부분 처참하게 패하고 만다.

유튜브(YouTube)를 통해서 생중계된 무술가들의 동작을 보면 지나치게 불필요한 동작들이 많음을 알 수가 있다. 이에 비해, 종합격투기를 수련한 쉬샤오둥은 매우 간단한 복싱 기술과 유술만으로 무술 고수들을 손쉽게 제압한다.

이렇게 동작은 매우 화려하지만, 실전에서는 전혀 쓸모가 없는 무술. 이것이 바로 여러분이 하는 모범생 공부법의 실체이다.

- **무술의 화려한 동작 = 모범생 공부법의 여러 가지 공부 과정**
- **실전형 격투기의 단순한 기술 = 2배속 공부법의 단순함**

따라서 여러분의 공부법 또한 공무원 시험의 실전인 시험 문제 풀이에 맞출 필요가 있다.

앞에서 말했듯이, 여러분이 실전에서 만나는 적은 시험 문제의 출제자이다. 그런데 이 출제자의 실력이 만만치가 않다. 그는 오랜 기간의 풍부한 경험(문제 출제 경험)을 통해서 여러분이 어떻게 공격할지를(시험 문제를 풀 것인지를) 미리 다 파악하고 있다.

여기서 또 하나의 문제를 내겠다.

여러분의 최종 목표는 공무원 합격이다. 그렇다면 시험 문제 출제자의 최종 목표는 무엇일까?

당연히 문제를 어렵게 만들어 많은 수험생을 탈락시키는 것이다.

상황이 매우 절망적이다. 적이 너무나 강하다. 적은 이미 여러분의 모든 전략과 전술을 훤히 알고 있다. 자! 이제 어떻게 할 것인가?

그렇지만 이렇게 강한 출제자에게도 한 가지 치명적인 약점이 있다. 이 출제자 또한 모범생 공부법으로 공부한 많은 사람 중 한 명이라는 것이다.

출제자는 모든 수험생이 당연히 모범생 공부법으로 시험 문제를 풀 것이라 가정하고 있다. 그에 따라서 시험 문제의 난이도도 조절하는 것이다. 격투기 비유로 따지자면 전통 무술을 수련한 사람이 경기 상대의 공격을 전통 무술로 막아내는 것과 똑같은 이치이다.

만약 수험생이 이런 출제자(적)를 전통 무술이 아닌 실전 격투기 기술로 공격한다면 어떻게 될까? 당연히 크게 당황할 것이다. 그 방법이 바로 2배속 공부법이다.

이와 관련하여 재미있는 실험 한 가지를 소개하겠다.

뇌과학에서는 사회적 순응(social conformity)이라는 말이 있다. 이것은 무리에 속한 동물이 자신을 보호하기 위해서 무리의 행동을 그대로 따르는 것을 의미한다. 실제로 과학자들은 물고기 무리의 행동을 통해서 이러한 사회적 순응에 관한 실험을 하였다. 오른쪽 페이지의 그림을 보라.

어항에 물고기 한 마리를 놓고서 가짜로 만든 물고기의 천적으로 물고기를 쫓게 한다. 여러 번 실험을 반복하면서 이물고기는 그물 중간의 탈출구에 익숙해진다. 이후에 같은 종류의 물고기 여러 마리를 실험 물고기와 섞어놓는다. 이제 처

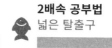

모범생 공부법
좁은 탈출구

2배속 공부법
넓은 탈출구

[사회적 순응에 관한 물고기 실험]

음과 같이 물고기의 가짜 천적으로 물고기를 쫓는다. 이때 실험자는 원래의 탈출구보다 훨씬 넓은 또 다른 탈출구를 열어둔다. 물고기 무리는 어디로 탈출을 할까?

놀랍게도 모든 물고기가 넓은 탈출구가 아닌 좁은 탈출구로 몰려들었다. 이 실험이 바로 현재 공무원 시험에 실패하는 99% 수험생의 안타까운 현실을 그대로 보여주고 있다. 이러한 바보 같은 상황을 원하는 장본인이 바로 여러분의 적인 공무원 시험 출제자이다. 하지만 2배속 공부법을 실천하는 수험생은 실패가 뻔한 좁은 탈출구가 아닌 합격이 보장된 넓은 탈출구를 선택하게 될 것이다.

그렇다면 왜 2배속 공부법은 실전인 시험에서 효과적일까? 이유는 철저하게 뇌과학에 근거하고 있기 때문이다.

여러분이 시험장에서 실제로 문제를 푸는 상황을 생각해보라.

시험 문제의 지문을 읽고 정답을 찾기 위해서는 그동안 공부한 내용을 잘 기억해 낼 수 있어야 한다.

시험 문제 ➡ 공부 기억 인출 및 적용 ➡ 정답 찾기

이러한 기억이 저장된 장소가 바로 여러분의 두뇌(brain)이다. 더 세부적으로 파고든다면 두뇌 속 기억시스템에 여러분이 공부한 내용이 저장된 것이다. 따라서 공부법 또한 이러한 두뇌 속 기억장치에 초점을 맞춰야만 한다. 이것이 바로 실전에 가장 적합한 공부법의 조건이다.

지금까지의 공부법은 이러한 뇌과학을 너무나 경시해왔다. 물론 최근에 나온 공부법 중에는 이러한 뇌과학을 이용하는 예도 더러 있기는 하다. 그렇지만 이러한 책 또한 모범생 공부법을 기본으로 하고 있어 실전에서는 쓸모없는 내용이 많다.

이와 반대로 2배속 공부법은 철저하게 두뇌 속 기억 과정에 초점을 맞추고 있다. 따라서 실전에 가장 적합하다.

2배속 공부법의 기본인 낭독은 모범생 공부법의 특징인 묵독과는 달리 시각과 청각을 모두 활용할 수가 있다. 그래서 더 많은 교재 내용을 두뇌 속에 입력할 수가 있다. 또한 녹음한 내용을 2배속으로 듣는 과정에서 실제 시험 문제 풀이에 필요한 속독 능력까지 기를 수가 있다.

이처럼 2배속 공부법은 공무원 시험 합격을 위한 최고의 실전적인 공부 방법이다.

다시 한번 강조하겠다. 공무원 시험에 합격할 수험생은 이미 정해져 있다. 미안하지만 여러분을 위한 자리는 없다. 지난 20년간의 분석을 통해 저자가 내린 결론이다. 여러분의 기분이 상해도 어쩔 수 없다.

단, 앞으로도 계속해서 모범생처럼 공부한다면 말이다.

저자는 오랫동안 공부법과 관련된 수많은 합격 수기를 분석해왔다. 책의 공통된 내용은 이렇다.

"내가 이렇게 공부해서 합격했으니 너도 이렇게 하면 합격할 것이다."

뇌과학적으로 볼 때 이것은 너무도 터무니없는 주장이다. 뇌과학에서는 퀄리아(감각질, qualia)라는 말이 있다.

퀄리아(qualia)	외부의 현상에 대해서 우리 각자의 마음속 느낌

자! 이 정의에 따르면 우리 각자의 마음속 느낌은 지극히 개인적인 일인칭 시점이다. 이러한 개인적인 느낌인 퀄리아를 다른 사람에게 그대로 전달하기는 사실상 불가능하다.

단적인 예로 저자는 알레르기가 심해서 복숭아를 먹어본 적이 없다. 이런 특이한 저자에게 복숭아의 맛을 어떻게 설명할 수가 있을까?

"이 복숭아 정말 맛있어! 깨물었을 때 입안에서 녹아 흐르는 그 달콤함을 이루 말할 수가 없어."

말로 아무리 설명을 잘해도 저자는 그 느낌에 공감하기가 어렵다. 왜냐하면 저자는 복숭아를 먹어본 적이 없기 때문이다.

이러한 이유로 지극히 일인칭 시점인 합격 수기를 그대로 따라 하는 것은 대단히 어리석은 짓이다.

복숭아

무슨 맛일까?

맛있겠다!

[퀄리아: 나와 너의 경험은 결코 똑같을 수가 없다]

그렇다면 나의 합격 경험을 상대방에게 최대한 구체적으로 전달하기 위해서는 어떻게 해야 할까?

당연히 뇌과학적으로 설명을 해야만 한다. 과학 기술이 정말 발달해서 나의 두뇌 속에 심은 전선을 통해서 나의 공부법과 공부한 내용을 그대로 상대방에게 전달할 수 있다면 또 모를까. 현재로서는 퀄리아라는 두뇌의 한계를 벗어날 수 있는 가장 현실적인 대안이 바로 뇌과학을 통한 공부법 설명이기 때문이다.

이러한 뇌과학에 가장 충실한 공부법이 바로 저자의 2배속 공부법이다. 우리의 두뇌 속 느낌은 대단히 주관적이다. 주관적이라는 것은 일인칭 시점을 말한다. 일인칭 시점은 각자의 고유한 마음속 느낌이기 때문에 상대방에게 전달하기가 어렵다.

그런데 지금까지의 공부법에 관한 책은 모두 일인칭 시점으로 쓰였기 때문에 다수의 불합격생이 별다른 효과를 보지 못하는 것이다. 따라서 공부법에 관한 책은 최대한 객관적이어야 한다. 즉 삼인칭 관찰자 시점으로 써야만 한다. 그 방법이 바로 뇌과학적인 설명이다. 현재까지 이 방법을 가장 충실히 따른 공부법은 2배속 공부법이 유일하다.

이처럼 다수의 수험생에게 실전에서 합격을 보장해 주는 공부법은 뇌과학에 충실한 2배속 공부법이 유일하다.

공무원 시험
= 단순 기억력 테스트

공무원 시험 = 기억력 시험

어떤가? 여러분은 이 말에 동의하는가? 실제로 지금까지 7, 9급에 나온 시험을 분석해보면, 공통으로 기억력을 평가하는 단순한 문제가 주로 출제되었다는 것을 쉽게 알 수가 있다.

물론 최근에는 대학 수능시험과 유사한 형태의 사고력을 측정하는 문제들도 가끔 출제되고 있다. 하지만 7, 9급 공시는 기본적으로 각 과목에 대한 수험생의 단순한 암기력을 평가하는 형식에서 크게 벗어나지는 않고 있다. 그 이유는 7, 9급 시험은 수능시험과 달리 과목별 문항 수가 상대적으로 적고, 시험 제한 시간도 짧기 때문이다.

즉 출제자로서는 기존의 암기력 평가 위주의 단순한 시험으로도 얼마든지 정부 기관에 필요한 소수의 합격생을 가려낼 수 있기 때문이다. 물론 이러한 형태의 공무원 시험이 전혀 문제가 없는 것은 아니다. 그동안의 공시 과목과 실제로 출제된 문제가 실제 공무원 업무와는 전혀 관계가 없다는 비난을 많이 받고 있기 때문이다.

이처럼 7, 9급은 암기력을 평가하는 시험이라는 것을 쉽게 알 수 있을 것이다. 따라서 수험생은 자신이 공부하는 교재의 거의 모든 내용을 암기가 될 때까지 반복만 하면 된다. 하지만 말처럼 그렇게 쉬운 게 아니다.

공부할 과목의 분량이 만만치 않기 때문이다. 특히 오랜 기간 잘못된 공부 습관이 몸에 밴 수험생 대부분은 교재의 내용을 머릿속에 저장하는 방법 자체를 모르는 경우가 많다.

수험생 대부분은 흔히 이런 말을 자주 한다.

"나는 정말 머리가 나쁜가 봐? 정말 오랫동안 공부를 했는데도 계속 실패하고 있잖아?"

여기서 수험생이 말하는 머리가 좋고 나쁜 것의 정확한 의미는 무엇일까? 이 말의 의미는 단순히 부모에게서 물려받은 두뇌가 선천적으로 나쁘다는 의미가 아닐까?

아마도 지능 지수인 IQ(Intelligence Quotient)가 아닐까? 그렇다면 정말 공시에 불합격하는 수험생은 합격생과 비교해서 IQ가 낮은 걸까? 바꿔말해서 IQ가 높을수록 공무원 시험에 유리할까?

절대로 그렇지 않다. 7, 9급 시험은 단순한 기억력 평가이기 때문이다. 따라서 단순히 IQ가 높다고 하여 시험에 유리할 수는 없다. 물론 이에 대해 다음과 같은 의문을 가진 독자도 있을 것이다.

"IQ가 높은 사람이 기억력도 좋지 않을까?"

이에 대해 IQ와 학교 성적과의 관계를 조사한 실험을 소개하겠다.

2014년 〈EBS 다큐프라임: 학교란 무엇인가〉라는 프로그램에서는 공부를 잘하는 학생의 비밀을 알아내기 위해 여러 가지 실험을 했다. 그 결과 학교 성적이 상위 0.1%인 학생과 보통 학생 간에는 IQ가 크게 차이가 나지 않는 것으로 나왔다. 그보다는 두뇌를 효율적으로 잘 사용하는 학생의 성적이 좋은 것으로 나타났다. 따라서 IQ가 낮아서 공시에 불합격한다는 수험생의 불평은 근거가 부족하다고 볼 수 있겠다.

그렇다면 이 실험에서 학교 성적이 좋은 학생은 IQ 말고 어떤 점에서 평범한 학생과 차이가 나는 것일까? 어찌하여 IQ가 낮은 학생이 높은 학생에 비해 성적이 좋은 경우가 생기는 것일까?

그 원인이 바로 타고난 집중력이다. 그리고 이러한 집중력을 기본으로 하는 것이 바로 모범생 공부법이다. 따라서 타고난 집중력으로 모범생 공부법에 익숙한 학생은 IQ와 관계없이 학교 성적이 좋을 수밖에 없는 것이다.

이러한 이유로 공시에 계속 실패하는 수험생은 본인의 IQ가 아닌 타고난 집중력부터 점검하고 그에 맞는 공부법을 익혀야 할 것이다.

저자는 예전의 공시 경험과 여러 합격생을 분석한 결과, 공시 합격을 결정하는 것은 IQ가 아닌 타고난 집중력이라는 사실을 분명히 알 수가 있었다. 그렇다면 이 부분에서 이런 불평을 하는 독자가 분명히 있을 것이다.

"가뜩이나 IQ도 낮은데 집중력까지 낮다면 공시를 포기해야 하나요?"

아니, 절대로 포기하지 마라! 이 책에서 소개한 2배속 공부법을 충실히 따른다면 아무리 IQ나 집중력이 부족해도 누구나 쉽게 원하는 성적을 얻을 수 있다고 저자가 장담한다.

어떻게 그렇게 자신하냐고?

앞에서 설명했듯이 공무원 시험은 극단적인 기억력 평가 시험이다. 그런데 최신 뇌과학 연구에 따른 인간의 기억 용량은 서로 별반 차이가 없다고 한다. 그 유명한 근거가 바로 1956년에 심리학자인 조지 밀러(George A. Miller)가 발표한 '마법의 숫자 7, 플러스마이너스 2'이다. 밀러 박사에 따르면 우리 인간은 두뇌 속에 순간적으로 저장할 수 있는 기억의 용량이 최대 7개라고 한다. 이러한 기억 용량의 한계는 타고난 IQ나 집중력과는 관계없이 우리 모두 비슷하다고 한다.

또 다른 근거로는 2003년에 세계 기억력 챔피언과 일반인의 MRI(두뇌 영상 사진)를 비교한 실험이 있다. 그 결과 둘 사이에는 어떠한 해부학적인 차이가 없다는 것이 확인되었다. 과학자들의 연구에 따르면 기억력 챔피언이 일반인보다 뛰어난 기억 능력을 갖춘 이유는, 그들의 두뇌가 특별해서가 아니라 단지 특별한 기억 기술을 사용하기 때문이라고 한다.

이처럼 IQ나 집중력과는 달리 수험생의 기억 용량은 서로 비슷하다는 것을 알 수가 있다. 따라서 기억력 챔피언처럼 제대로 된 기억 기술을 배운다면 누구나 쉽게 공무원 시험에 합격할 수 있을 것이다. 그 방법이 바로 저자의 2배속 공부법이다.

저자가 IQ와 집중력이 떨어지는 수험생의 합격을 자신하는 이유가 한 가지 더 있다.

'동병상련'이라고 하지 않았던가.

저자 또한 여러분과 똑같이 학교 공부와 공시 공부에서 많은 실패를 경험했다. 따라서 여러분이 공부에 대해 느끼는 어려움과 좌절감을 누구보다 더 잘 이해할 수가 있다. 그리고 저자 또한 여러분처럼 IQ와 집중력이 보잘것없다. 하지만 2배속 공부법으로 당당히 공무원이 되었다. 따라서 이런 저자만이 여러분이 합격에 이르는 방법과 과정을 누구보다 더 자세히 알려줄 수가 있는 것이다.

자, 곰곰이 생각해보라! 지금까지 접해왔던 공부법에 관한 수많은 내용 말이다. 하나같이 여러분에게는 부족한 집중력을 사용하도록 집요하게 강요하고 있지 않은가? 이처럼 복잡하고 난해한 모범생 공부법을 실천할 수 있는 사람이 과연 몇이나 있을까? 이러한 이유로 여러분은 2배속 공부법을 실천해야만 한다.

단순하게 공부해야
빨리 합격한다

'같은 현상을 설명하는 두 개의 주장이 있다면, 간단한 쪽을 선택하라!'

- 논리학자 오컴의 윌리엄(William of Ockham)

오컴의 면도날(Occam's Razor)로 불리는 14세기 영국의 논리학자였던 오컴의 윌리엄(William of Ockham)의 유명한 말이다. '단순성의 원리(Principle of Parsimony)'라고도 불리는 이 명제는 지금까지 다양한 학문 분야의 이론을 구성하는 기본적인 원리로 사랑을 받아왔다.

역사적으로 이러한 원리를 실현한 사례로는 '$E=mc^2$'라는 간단한 공식으로 세상의 물리적인 이치를 표현한 아인슈타인과 단지 스물여덟 개의 글자로 세상의 모든 소리를 나타낼 수 있는 한글을 발명한 세종대왕을 들 수 있겠다. 이 책의 서문에서 말했듯이 우리의 상식과는 달리 진리는 절대로 복잡하지 않고 단순하다.

'사고 절약의 원리'라고도 불리는 오컴의 면도날은 어떠한 현상을 설명하는 수많은 이론이 있을 때, 되도록 가정이 적은 쪽이 참이라는 설명을 하고 있다. 이에 대해 오컴은 이렇게 말하였다.

"무언가를 다양한 방법으로 설명할 수 있다면 우리는 그중에서 가장 적은 수의 가정을 사용하여 설명해야 한다."

즉 불필요한 가정이 적을수록 진리일 가능성이 크다는 것이다. 잘 알다시피 어떤 특정한 분야의 학문에서 대중을 설득할 수 있는 이론을 만들기 위해서는 불가피하게 여러 가지 가정을 둘 수밖에 없다. 이러한 이론은 시간이 흐르면서 다양한 비판과 검증을 통과해야만 비로소 명실상부한 진리로 인정받게 되는 것이다.

이러한 오컴의 면도날의 원리는 공무원 공부법에도 그대로 적용할 수가 있다. 즉 여러분의 공무원 합격을 위한 공부법은 최대한 단순해야만 한다는 것이다.

그런데 현실은 어떠한가? 지금 당장 여러분의 공부법을 살펴보라. 과연 이 오컴의 면도날의 원리에 부합하는가?

이를 알아보기 위해 기존의 모범생 공부법과 2배속 공부법을 오컴의 면도날을 이용해서 철저히 검증해보겠다. 이러한 검증을 하기 위해 여러 공부법에서 주장하는 내용을 간단한 문장으로 만들어야 한다. 그리고 문장의 형식은 오컴의 면도날에서 말하는 가정문의 형태를 띠어야 할 것이다. 즉 '~ 한다면 ~ 일 것이다.'와 같은 식으로 말이다.

이제 본격적으로 문장을 만들어 보자. 저자는 지금까지 공부법에 관한 수많은 책을 분석해보았다. 그 결과 이 책들에서

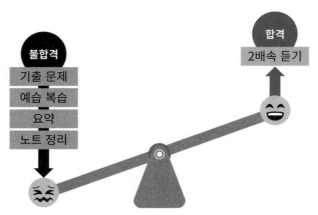

[단순하게 공부해야 빨리 합격한다]

다음과 같은 공통적인 내용이 들어있었다.

1.   공부 계획을 구체적으로 세운다면 합격할 것이다.

2.   공부를 위해 하루의 시간을 최대한 잘게 나누어 사용한다면 합격할 것이다.

3.   자신감을 가진다면 합격할 것이다.

4.   노트 정리를 잘한다면 합격할 것이다.

5.   여러 과목의 내용을 한 권으로 요약한다면 합격할 것이다.

6.   그날 공부한 내용 중 기억나는 것을 연습장에 써보며 복습을 한다면 합격할 것이다.

7.   책의 앞쪽에 나오는 목차를 통해 다음날 공부할 내용을 미리 예습해본다면 합격할 것이다.

8.   내가 배운 내용을 교사가 학생을 가르친다는 생각으로 다른 사람에게 설명해본다면 합격할 것이다.

9.   공부 모임을 만들어 함께 공부한다면 합격할 것이다.

10.   하루에 적어도 10시간을 공부한다면 합격할 것이다.

11.   하루에 잠을 5시간만 잔다면 합격할 것이다.

12.   과목별로 이러저러한 방법으로 공부한다면 합격할 것이다.

13. 기본서를 보기 전 기출문제부터 철저히 분석한다면 합격할 것이다.

14. 모든 과목을 각각 10번씩 반복한다면 합격할 것이다.

　이처럼 전통적인 모범생 공부법으로는 무수히 많은 방법을 철저하게 지켜야만 겨우 합격할 수가 있다. 이에 반해 2배속 공부법은 단 하나의 방법만으로 쉽게 합격할 수가 있다.

　녹음해서 2배속으로 들어라! 끝.

　이것이 바로 기존의 모범생 공부법과 2배속 공부법의 차이다.

무조건 합격하는 2배속 공부법

기적의 낭독법과 2배속 공부법 | 속발음이 빠르면 빨리 합격한다 | 작업기억의 교통순경, 2배속 공부법 | 장기기억의 고속도로, 2배속 공부법 | 4배속의 과학적인 원리: M=r×c/b -> M=4×rc/b

기적의 낭독법과
2배속 공부법

"시각 신경들의 경우 소리가 동반할 때 약한 불빛을 더 강하게 느낄 수 있다. 이를 근거로 볼 때 이 신경들이 눈뿐만 아니라 귀로부터 오는 정보를 통해서도 활성화할 수 있다고 생각한다."

- 뇌(THE BRAIN BOOK), p76

"사람의 시각 기억은 청각 기억보다 훨씬 용량이 적기 때문이다. 즉 사람은 단어의 시각 형태(문자)는 기억하기 어렵지만, 그 소리는 쉽게 기억할 수 있다."

- 책을 읽으면 왜 뇌가 좋아질까? 또 성격도 좋아질까? p126

낭독의 우수성을 설명하기 위해 그와 관련한 2개의 문장을 인용하였다. 이제 2배속 공부법의 핵심인 낭독에 대해 자세히 설명하겠다.

여러분이 축구 선수라고 해 보자. 훌륭한 축구 선수가 되기 위해 가장 중요한 조건은 무엇일까? 당연히 보통 사람 이상의 뛰어난 체격과 체력일 것이다. 이러한 신체적인 조건 이외에도 인내심, 성실성, 협동심과 같은 정신적인 조건도 중요할 것이다. 여기에 덧붙여 가장 중요한 조건이 바로 축구 기술일 것이다.

이것을 여러분의 공부법에 적용해보자. 여러 번 강조했듯이 공무원 합격에 가장 중요한 2가지 조건은 경제력과 집중력이다. 그런데 이 두 가지 말고 정말 중요한 조건이 하나 더 있다. 바로 독서법이다.

이제 축구 선수와 공부법을 비교해서 살펴보자.

1. 선천적인 조건   신체조건 = 경제력

                             기초체력 = 집중력

2. 후천적인 조건   축구 기술 = 독서법

이처럼 경제력과 집중력이 선천적인 조건이라면, 독서법은 노력으로 얼마든지 바꿀 수 있는 후천적인 조건이다.

그렇다면 공시 합격에 왜 독서법이 중요할까? 축구 선수가 경기를 뛴다고 해 보자. 이 선수는 뛰어난 체격과 체력을 가졌다. 그런데 축구 기술은 형편없다. 어떻게 될까? 당연히 열심히 뛸 수는 있어도 가장 중요한 골은 전혀 넣지 못할 것이다.

이것이 바로 공무원 시험을 볼 때 독서법이 중요한 이유다. 즉 아무리 경제력과 집중력이 좋아도 독서 기술이 부족하다면, 실전에 해당하는 공무원 시험에서 절대 좋은 점수를 얻지 못할 것이다.

상식적으로 생각해도 공시에 합격하려면 교재의 내용을 많이 기억해야 한다. 그러기 위해 여러분 각자의 독서 기술인 독서법이 중요한 것이다.

이처럼 공시에 합격하기 위해서는 독서법이 무척 중요하다. 그렇지만 현재 수험생 대부분은 아무런 준비도 없이, 단지 군중심리에 편성하여 무작정 공시에 달려들고 있다. 이런 상황에서는 기존의 모범생 공부법에 익숙한 소수의 수험생만이 유리할 수밖에 없다. 이들을 제외한 다수의 수험생은 독서 기술이 부족하므로 결국은 실패하고 마는 것이다.

그렇다면 시험에 불합격하는 수험생은 어떤 독서법을 하는 걸까? 아마도 거의 모든 수험생이 눈으로만 문장을 보는 묵독을 하고 있을 것이다.

그런데 이러한 묵독은 독서가 익숙하지 않은 수험생이 실천하기에는 무척 어려운 읽기 기술이다. 특히 컴퓨터나 스마트폰의 하이퍼텍스트(hypertext)와 같은 자료에 익숙한 여러분과 같은 스마트폰 세대에게, 오랫동안 책의 글자에 정신을 집중해야 하는 묵독이 익숙할 리가 없다. 사실 여러분에게 묵독이 힘든 이유는 눈의 불규칙한 움직임 때문이다.

느낌과는 달리 우리의 눈은 문장을 읽을 때 직선적으로 부드럽게 진행하지 않는다. 그보다는 1초에 약 4회 정도를 점프하듯이 불규칙적으로 움직인다. 이것은 1879년에 프랑스의 안과의사였던 루이 에밀 자발(Louis Éile Javal)이 발견한 사실이다. 이를 통해 왜 여러분이 오랫동안 공부에 집중하지 못하는지를 잘 알 수가 있을 것이다. 따라서 여러분이 공시에 합격하기 위해서는 먼저 이러한 눈의 움직임을 통제할 수 있어야만 한다.

하지만 기존의 묵독법으로 교재를 읽는다면 이러한 눈의 움직임을 통제하기가 무척 어렵다. 묵독은 우리의 눈이 직선적으로 부드럽게 움직인다고 가정하기 때문이다. 사실 이렇게 눈의 움직임을 통제하면서 묵독을 할 수 있는 수험생은 이미 독서가 습관화된 일부의 수험생에 불과하다.

그렇다면 독서가 습관화되지 않은 다수의 수험생이 이러한 불안정한 눈의 움직임을 통제할 방법은 무엇일까? 그 비밀이 바로 2배속 공부법의 핵심인 낭독에 있다.

사실 효과적으로 공부하기 위해서는 눈으로만 하는 묵독이 아닌 귀로 듣는 낭독이 필수적이다. 낭독은 묵독보다 더 많은 두뇌 부위를 사용하기 때문에 공부에 더 깊이 집중할 수가 있다.

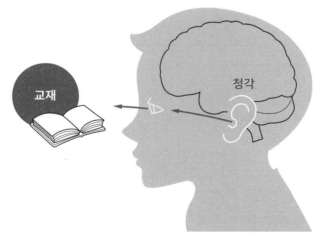

[묵독의 불안정한 시각을 낭독을 통한 청각으로 묶어둘 수 있다]

뇌과학적으로 우리의 청각은 시각보다 외부의 자극에 더 빠르게 반응한다. 예를 들어, 100m 달리기에서는 출발신호로 총소리를 사용한다. 만일 100m 달리기를 할 때 빛 신호와 총소리를 각각 출발신호로 주게 되면 총소리가 빛보다 약 0.03초 더 빠른 신체 반응을 끌어낸다고 한다. 여러분이 교재를 본인의 목소리로 직접 녹음해서 들어야 하는 이유가 바로 여기에 있다. 즉 교재만 묵독할 때의 불안정한 눈의 움직임을 녹음기를 들으면서 청각으로 묶어둘 수가 있는 것이다.

이러한 저자의 생각을 멋지게 표현한 문장이 있어 잠시 소개하겠다.

소리 내어 글을 읽는 행위는 책 속에 갇혀 있던 활자를 일으켜 세워 공간 속으로 뛰어들게 한다. 소리가 만들어내는 이 입체성은 다양한 모습과 역할로 읽는 사람에게 다가간다. 그것은 단어 하나의 의미에서부터 단락과 단락 사이의 맥락에 이르기까지 긴 호흡으로 깊이 있는 독서가 되도록 돕는 안내와도 같다. 대부분의 사람들이 가장 많이 하는 일반적인 독서 방법은 조용히 눈을 통해 읽는 묵독이다. 이때 찾아올 수 있는 최고의 방해자는 딴생각이다. 눈으로 글자를 쫓되 머릿속은 회사에서 마저 끝내지 못한 업무를 떠올릴 수도 있고, 저녁 찬거리는 무엇으로 할지 생각할 수도 있기 때문이다. 때론 낭독에서도 글자를 소리 내어 읽는 순간에 짧은 시간이지만 다른 생각이 끼어들 때가 있다. 하지만 이내 물리치게 된다.

낭독을 통해 공간 속으로 걸어 나온 활자들이 주변을 맴도는 잡생
각이 끼어들 틈을 막아주는 것이다. 소리가 리듬을 갖추게 되면 활
자와 활자 사이의 느슨한 공백을 소리가 채워나가면서 견고한 막을
형성해 책을 읽는 사람에게 단단한 몰입감을 만들어주는 것 역시 이
때문이다.

<김보경 지음, 낭독은 입문학이다, 현자의 마을>

이처럼 낭독은 묵독과 비교해 집중력이 부족한 수험생이
오직 공부에만 집중할 수 있도록 만들어주는 훌륭한 독서 기
술이다.

이제 2배속 공부법의 핵심인 낭독에 대해 자세히 설명하겠다.

- **녹음기 공부법 = 낭독**
  - ➡ 시각과 청각을 모두 사용하여 교재 내용을 더 많이 기억
    하게 된다.

'낭독'은 말 그대로 책을 소리 내어 읽는 것이다. 누구나 학
창 시절에 낭독으로 책을 읽은 경험이 있을 것이다. 하지만
학년이 올라가면서 수업 시간에 낭독은 사라지고 묵독만이
남게 된다. 어느 순간부터 낭독은 읽기 기술이 부족한 어린
학생의 유치한 행위인 데 반해, 조용한 묵독은 공부를 잘하기
위한 훌륭한 독서 기술이라는 편견을 가지게 되는 것 같다.

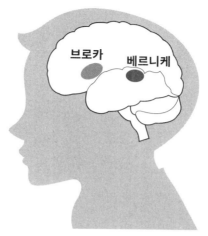

[낭독을 하면 두뇌에 더 많은 자극을 줄 수가 있다]

하지만 오랜 기간 뇌과학을 공부한 저자는 낭독이 묵독보다 훨씬 효과가 좋다는 것을 알게 되었다. 이에 대한 근거를 몇 가지 설명하겠다.

먼저 2014년 EBS에서 방송한 〈왜 우리는 대학에 가는가 -5부 말문을 터라〉가 있다. 이 방송에서는 낭독을 주로 하는 유대인의 학습법 '하브루타(chavruta)'를 소개하면서, 우리나라 교육의 문제점을 신랄하게 비판하고 있다.

유대인은 세계 인구의 0.2%밖에 되지 않는 소수 민족이다. 하지만 역대 노벨상 수상자 중 무려 22%가 유대인이라고 한다. 이들이 학문 연구에서 이러한 놀라운 성과를 거두는 이유는 무엇일까? 방송에서는 그 이유를 낭독에 두고 있다.

유대인은 어른이나 아이 할 것 없이 누구나 그들만의 종교 경전인 탈무드(Talmud)를 큰 소리로 끊임없이 낭독하면서 함께 토론한다. 오랜 기간 소수의 유대인이 금융, 경제, 법률 등 모든 분야에서 특별한 성공을 거둔 이유가 바로 이러한 낭독 학습법에 따른 것이라고 봐야만 할 것이다.

당시 EBS에서는 이러한 유대인의 낭독 학습법의 효과를 알아보기 위해 우리나라 대학생 16명을 두 그룹으로 나누어 실험하였다. 실험 방법은 서양의 역사와 관련된 내용을 공부한 후 시험을 보는 것이었다. 이 중 8명은 조용한 독서실에서 공부하였고, 다른 8명은 유대인의 하브루타와 같이 큰 소리로 낭독을 하면서 토론하게 했다.

3시간 후 이 두 그룹은 그들이 공부한 내용에 대해 시험으로 평가를 받았다. 결과가 어떻게 나왔을까?

놀랍게도 큰소리로 낭독을 하면서 공부한 대학생들이 조용히 묵독으로 공부한 대학생들보다 훨씬 더 높은 점수를 얻었다. 자세한 결과는 오른쪽 페이지의 그림을 참고하라.

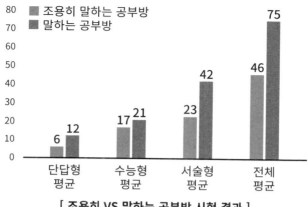

[조용히 VS 말하는 공부방 시험 결과]

　이외에도 학습에 있어 낭독의 우수성을 증명하는 수많은 연구 결과가 계속해서 나오고 있다.

　이처럼 공부를 할 때 낭독은 묵독보다 훨씬 좋은 결과를 가져온다. 이는 뇌과학적으로 볼 때 매우 당연한 결과다. 우리 두뇌의 감각피질은 시냅스(synapse)를 통해 서로 긴밀하게 연결되어 있다. 특히 독서를 할 때 시각피질과 청각피질이 중요한 활동을 하면서 문장의 의미를 이해하게 된다. 하지만 시각만을 사용하는 묵독으로는 문장의 의미를 이해하는 두뇌의 영역(브로카와 베르니케)을 충분히 자극할 수가 없다.

　이러한 이유로 묵독을 하면 교재의 내용을 이해하기 위해 더 많은 집중력을 사용해야만 한다. 이 부분에서 수험생 사이에 독서 능력의 차이가 생기는 것이다. 우리는 이것을 '머리가 좋다. 혹은 나쁘다.'라는 식으로 잘못 해석하고 있다.

뇌과학적으로 외부의 자극이 전해질 때 두뇌에 많은 자극을 줄수록 많은 기억을 할 수가 있다. 낭독은 시각과 청각을 모두 사용하기에 묵독과 비교해 두뇌에 더 많은 자극을 주게 된다. 따라서 여러분은 교재를 공부할 때 의미 해독을 위해 고군분투하는 눈이라는 시각에 낭독을 통한 청각의 도움을 주어야만 한다.

사실 공부 이외에 낭독이 가진 놀라운 장점이 한 가지 더 있다. 오랫동안 낭독을 하면서 느낀 점은 나의 부정적인 감정이 순화된다는 것이다.

정신분석의 창시자 프로이트(Sigmund Freud)를 알 것이다. 프로이트는 이런 유명한 말을 했다.

"인간의 감정은 내부의 에너지다. 부정적인 감정은 부정적인 에너지를 만든다. 이러한 부정적인 에너지를 외부로 적절히 배출하지 않으면 정신적·육체적인 병이 생긴다."

재벌로 태어나지 않는 이상 서민의 자녀는 스트레스 없이 꽃길만 걸을 수는 없다. 우리는 살아가면서 알게 모르게 많은 부정적인 감정을 경험하게 된다. 이렇게 쌓인 부정적인 에너지는 외부로 적절히 배출해야만 한다. 하지만 대부분 그렇게 하지 못하고 있다. 방법 자체를 모르기 때문이다.

이러한 이유로 사람들은 자신의 부정적인 감정을 자신보다 약한 사람에게 퍼붓게 된다. 이를 당하는 사람은 또 다른 약한 사람에게 해를 끼치게 되는데, 이로 인해 수많은 사회 문제가 생기는 것이다. 우리가 매일 TV로 접하게 되는 각종 범죄나 폭력, 자살 등의 뉴스가 이러한 문제를 잘 보여주고 있다.

이처럼 점점 심각해지는 사회 문제에 대해 국가가 해줄 수 있는 게 별로 없는 것 같다. 유럽의 선진국처럼 사회보장제도가 정말 잘되어 있다면 모를까. 좋은 직업을 가지기 위해 치열한 경쟁을 이겨야만 하는 대한민국과 같은 나라에서는 개인의 정신건강은 본인이 직접 챙겨야만 한다. 그에 대한 가장 현실적인 방법이 바로 책의 낭독이다.

물론 고작 낭독만으로 어떻게 부정적인 감정이 사라지겠냐고 따질 수도 있겠다. 하지만 이것은 그야말로 하나만 알고 둘은 모르는 참으로 바보 같은 생각이다.

예를 들어보자. 만약 직장인이 직장에서 스트레스를 심하게 받았다고 해 보자. 이 사람은 자신의 스트레스를 어떻게 풀까? 아마도 친구를 만나서 술을 마시거나 하소연하는 정도일 것이다. 그런데 이렇게 자신의 감정을 말로 표현하면 정말 기분이 조금은 나아지는 거 같다. 바로 여기에 감정 순화의 비밀이 숨어 있다.

하지만 친구에게 하는 하소연이 별거 있겠는가? 고작 직장 상사나 동료에 대해 험담을 하거나 본인의 신세 한탄을 하는 정도일 것이다. 이렇게 해서는 내부의 부정적인 감정을 충분히 배출할 수가 없다. 이렇게 내부에 쌓인 부정적 에너지는 몸과 마음의 병을 일으키게 된다.

따라서 이런 부정적인 감정을 배출할 수 있는 좋은 방법인 낭독을 실천하자. 낭독이야말로 내부에 쌓인 부정적인 감정을 말끔히 씻어주는 가장 좋은 방법이라는 것을 현대의 뇌과학은 증명하고 있다.

저자는 말은 곧 에너지 그 자체라고 생각한다. 이 에너지는 뇌과학 실험에서 자주 사용하는 뇌파(brain wave)로도 볼 수 있다.

실제로 우리가 하는 말에 따라서 뇌파의 종류가 다르다고 한다. 뇌과학 연구에 따르면 좋은 말을 하면 우리의 마음을 편하게 하는 알파파(α)가 나오지만, 나쁜 말을 하면 스트레스를 주는 베타파(β)와 감마파(γ)가 나온다고 한다.

실제로 미국의 음악교육 연구소의 돈 캠벨(Don Campbell) 박사에 따르면, 소리 명상의 일종인 '옴 진동' 발성을 통해 두뇌의 뇌파를 알파파로 유지할 수 있다고 한다. 이 알파파는 8~13Hz의 진동을 가진 뇌파로 우리의 마음이 편안할 때 주로 나온다.

이에 대해 유명한 신경학자인 칼 프리브럼(Karl H. Pribram)은 이렇게 말했다.

"뇌는 주변의 파동에 대하여 피아노 건반처럼 공명하고 있다."

국내에서도 이러한 낭독과 뇌파의 관계에 관해 실험을 한 적이 있다. 2013년 SBS에서는 〈함께 읽는 독서의 맛〉이라는 방송을 통해 낭독과 알파파의 관계를 잘 설명하고 있다. 방송에서는 아이들이 낭독과 묵독을 할 때 fMRI 사진으로 각각의 두뇌 활성도 차이를 비교하였다.

그 결과 낭독을 할 때 문장의 의미를 해독하는 두뇌 영역(전두엽의 브로카와 측두엽의 베르니케 영역)이 더 많이 활성화되는 것이 확인 되었다. 이 두 영역은 교재의 내용을 이해할 때 활발하게 일을 하게 된다. 이들이 많이 활성화된다는 것은 교재의 내용을 더욱 깊이 이해하고 있다는 분명한 증거라 할 수 있겠다.

이 실험에는 〈낭독은 입문학이다〉의 저자인 김보경님의 자녀와 친구가 참여했다. 이 실험에서 두 아이는 낭독을 할 때와 묵독을 할 때의 뇌파를 각각 측정하였다. 그 결과 낭독을 할 때의 뇌파가 분명하게 알파파로 바뀌는 것이 관찰되었다. 특히 시간이 지날수록 알파파가 더욱 안정된 뇌파인 세타파와 델타파로 바뀌는 것이 관찰되었다. 이에 반해 두 아이가 게임을 할 때의 뇌파는 스트레스파로 알려진 베타파가 관찰되었다.

이처럼 좋은 소리 진동은 우리 두뇌에 좋은 영향을 주게 된다. 그리고 이렇게 좋은 소리 진동을 임의로 주는 방법이 바로 낭독이다. 낭독을 통한 소리 자극은 두뇌의 뇌파를 알파파로 바꾸어 우리의 감정을 순화시켜준다(특히 이 알파파는 공무원 합격에 가장 중요한 장기기억을 만드는 데 있어 중요한 역할을 하는 호르몬인 도파민(dopamine)과도 밀접한 관련이 있다).

양서에는 좋은 말이 가득하다. 이 좋은 말을 소리 내어 읽게 되면 자신도 모르는 사이에 큰 위로를 받게 된다. 말은 에너지와 같다. '말 한마디로 천 냥 빚을 갚는다.'라는 속담처럼 우리가 다른 사람과 함께 나누는 수많은 말은 서로에게 큰 영향을 주게 된다.

가끔 유명인이 악성 댓글에 시달리다 자살까지 하는 안타까운 일이 생기고 있다. 우리는 자신의 부정적인 감정을 남을 험담하는 일로 풀려 해서는 안 된다. 그보다는 양서에 있는 좋은 문장을 낭독하여 자신에게 좋은 에너지를 준다면 어떨까?

지난날 저자는 낭독을 통해 공무원에 합격할 수 있었다. 이러한 낭독을 통해 공부 스트레스 또한 씻어낼 수 있었다. 이처럼 재미없는 교재의 낭독을 통해서도 감정을 순화할 수 있는데, 좋은 말이 가득한 양서는 두말할 필요가 없지 않을까? 이것이 바로 일거양득일 것이다.

유명한 그리스의 철학자 아리스토텔레스(Aristotles)는 자신의 저서 『시학』에서 이런 말을 했다. '비극을 감상하면 마음속에 쌓인 앙금 같은 감정에서 해방되어 마음이 정화되는 효과가 있다.' 그는 이것을 가리켜 '카타르시스(catharsis)'라고 했다.

우리가 영화나 드라마, 소설과 같은 예술에 열광하는 이유

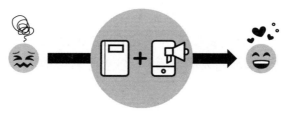

[낭독과 감정의 카타르시스]

가 여기에 있다. 이런 장르를 통해 우리는 인간사에 대한 갖
가지 희로애락의 감정을 느낄 수 있는 것이다.

　따라서 여러분은 공부할 때 자신의 감정을 최대한 풍부하게
느끼면서 낭독을 할 필요가 있다. 이 감정을 통해 재미없는
공부를 감동적인 문학 작품과도 같이 즐기게 될 것이다.

속발음이 빠르면
빨리 합격한다

아래의 문장을 정확히 20초 동안 여러 번 읽은 다음 손으로 가리도록 하라(정확한 검사를 위해 꼭 그렇게 하라).

'단기기억에서 정보에 특화된 완충제에 대한 발상은 선택적 간섭에 관한 연구로부터 지지를 받았다.' <공부와 기억 p418>

이제는 위의 문장을 보지 말고 아래의 빈칸을 최대한 채워 보라.

'(   )기억에서 (   )에 (   )된 (   )에 대한 (   )은 선택적 (   )에 관한 (   )로부터 (   )를 받았다.'

빈칸을 얼마나 채웠는가? 아마 전문적인 내용이라 많은 빈칸을 남겼을 것이다.

작업기억이라는 말을 들어봤는가?

작업기억은 우리의 감각기관으로 경험한 자극을 아주 잠깐 저장하는 공간을 말한다. 쉬운 말로 언제든지 썼다가 지울 수 있는 두뇌 속 메모장이라고 보면 된다.

사실 조금 전의 검사는 여러분의 작업기억의 용량을 알아보기 위한 것이었다. 그렇다면 이 검사를 통해 사람들 사이에 작업기억의 용량이 차이가 나는 이유는 무엇일까? 그것은 우리가 평소에 말하는 속도와 관계가 있다.

위의 간단한 검사에서 알 수 있듯이 우리는 문장을 읽을 때 무의식적으로 그 문장을 속으로 발음하게 된다(속발음). 그런데 신기하게도 이 속발음의 속도는 밖으로 말할 때의 속도와 똑같다고 한다.

따라서 말을 빨리하는 사람은 속발음도 빠르므로 제한된 시간 안에 위의 문장을 더 많이 반복해서 읽을 수 있다. 그 결과 느린 사람에 비해 상대적으로 더 많은 정보를 작업기억 안에 저장할 수 있는 것이다.

제2장

실제로 1991년에 심리학자인 라이네(Raine)와 베일리(Bailey)는 언어장애가 있는 어린이들을 대상으로 작업기억 실험을 했다. 그 결과 말소리 속도와 작업기억의 용량 간에는 밀접한 관계가 있다는 사실을 알아냈다. 즉 각종 기억검사에서 말소리가 빠른 사람이 느린 사람보다 더 좋은 점수를 얻었다고 한다.

이를 통해 알 수 있듯이, 교재를 공부할 때도 속발음의 속도가 무척 중요하다. 즉 같은 시간을 공부한다면, 속발음이 빠른 수험생이 작업기억에 더 많은 정보를 저장할 수 있을 것이다.

이러한 작업기억의 차이로 인해 결국 교재 한 권을 공부하는 속도가 차이가 나게 될 것이다. 그 결과 합격에 걸리는 공부 기간이 서로 다르게 되는 것이다.

그렇다면 속발음이 느린 수험생은 어떻게 공부를 해야 할까? 그 방법이 바로 낭독을 통한 2배속 공부법이다.

2배속 공부법은 자신이 녹음한 내용을 2배속으로 듣는 과정에서 속발음이 2배 이상으로 빨라지게 된다. 이처럼 2배속 공부법은 속발음이라는 선천적인 불리함까지도 교정할 수 있는 대단히 과학적인 공부 방법이다.

작업기억의 교통순경,
2배속 공부법

우리가 공부한 내용이 장기기억으로 되는 경로를 간단히 설명하면 다음과 같다.

공부 내용 ➡ 작업기억 ➡ 해마 ➡ 장기기억

잘 알다시피 여러분이 시험에 합격하기 위해서는 교재의 내용을 두뇌 속에 최대한 많이 장기기억으로 만들어야 한다. 이렇게 하기 위해서는 먼저 작업기억을 효율적으로 이용할 수 있어야만 한다.

심리학자들에 따르면 작업기억은 우리 두뇌의 메모장이라고 한다. 그런데 담아둘 수 있는 정보의 양이 너무나 적다. 연구에 따르면 작업기억에 담을 수 있는 정보의 양은 한계가 있다고 한다. 그 한계가 바로 심리학자인 조리 밀러(George A. Miller)가 1956년 발표한 연구 결과인 그 유명한 〈마법의 숫자 7, 플러스마이너스 2〉이다.

　이 연구에 따르면 우리는 작업기억에 최대 7개의 정보를 담을 수 있다고 한다. 그런데 이러한 작업기억의 용량은 우리의 집중력과도 관련이 있다. 즉 작업기억은 두뇌의 메모장으로써 우리는 매 순간, 이 메모장에 입력된 한정된 정보에만 주의를 집중할 수가 있다. 그 한정된 정보의 양이 최대 7개까지인 것이다. 따라서 우리의 작업기억에 한 번에 들어가는 정보가 이러한 최대치를 넘게 되면 작업기억이 포화상태에 이르게 되어 집중력이 흐트러지게 된다.

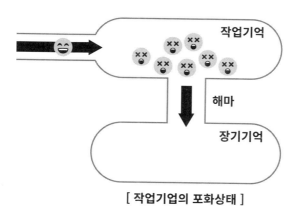

[작업기업의 포화상태]

이러한 상태가 되면 작업기억에서 장기기억으로 넘어가는 관문에 정보의 병목현상이 생긴다. 이것은 마치 갑자기 좁아진 도로로 수많은 차가 서로 진입하기 위해서 아수라장이된 교통상황에 비유할 수가 있겠다. 이러한 작업기억의 병목현상에 대해서 〈생각하지 않는 사람들〉의 저자 니컬러스 카(Nicholas Carr)는 이렇게 말했다.

"작업기억에서 장기기억으로 이르는 통로는 우리 뇌 속에 큰 병목현상을 일으킨다. 방대한 능력을 지닌 장기기억과 달리 작업기억이 저장할 수 있는 정보의 양은 아주 적다."

이처럼 여러분의 작업기억에 정보를 과다하게 입력하면 지금까지 힘들게 공부한 내용이 장기기억으로 저장되지 않고 그냥 사라지게 된다. 쉽게 말해서 열심히 공부한 것 같은데 나중에 기억하는 내용은 하나도 없는 헛공부가 되는 것이다. 이렇게 작업기억이 포화상태가 되어 집중력이 떨어지게 되면 서서히 공부가 질리게 된다. 사실 이런 상황에서도 기존의 모범생 공부법에 익숙한 수험생은 합격에 필요한 장기기억을 잘 만들어 낸다.

그렇다면 합격생은 어떻게 이러한 작업기억의 병목현상 중에도 장기기억을 잘 만들 수 있는 것일까? 그 이유는 이들이 자신이 공부하는 수많은 정보를 요약하는 능력이 뛰어나기 때문이다.

심리학에서 다루는 개념 중 '인지 경제성'이라는 말이 있다. 이 말의 의미는 우리가 경험하는 수많은 정보를 일정한 기준에 따라 묶어서 정리하면 정신적인 자원을 크게 절약할 수 있다는 것이다.

예를 들어 진돗개, 도사견, 셰퍼드, 치와와, 불도그 등, 개의 종류와 관련된 명칭에 대해 생각해보자. 당연히 이들은 모두 개(dog)라는 상위개념으로 묶을 수 있다. 하지만 '개'라는 상위의 개념이 없어서 세상에 있는 모든 개를 각각 그들 고유의 이름으로 따로따로 기억해야 한다면 어떨까? 굉장히 불편할 것이다. 하지만 이 모든 개의 종류를 하나로 묶어서 그냥 '개'라고 부른다면 우리의 인지적인 자원이 크게 절약될 것이다.

진돗개, 도사견, 셰퍼드, 치와와, 불도그 ⊂ 개(dog)

이렇게 비슷한 성질을 가진 것을 일정한 기준에 따라 묶어 하나의 상위개념으로 정리하는 것을 '범주화'라고 한다. 사실 우리가 접하는 수많은 정보는 이러한 범주화의 원칙에 따라 분류가 되었다는 것을 쉽게 알 수가 있다.

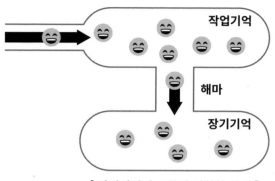

[작업기억의 교통이 원활한 상태]

　이처럼 비슷한 것들을 하나로 묶어서 간단히 하는 범주화는 일종의 '요약'이라고도 볼 수 있겠다. 범주화, 즉 요약을 잘하게 되면 작업기억에 입력하는 정보를 크게 줄일 수 있다. 그 결과 작업기억 속에서 정보의 흐름이 정체되지 않고 원활해지는 것이다.

　이처럼 자신이 공부하는 많은 양의 정보 중에서 필요한 것만 잘 요약해서 작업기억에 입력할 수 있는 이들이 바로 소수의 합격생이다. 이들은 작업기억 속에 꼭 필요한 정보만을 요약해서 입력할 수 있으므로 장기기억을 잘 만들 수 있다.

　그렇다면 보통의 수험생도 이러한 요약 능력을 노력해서 키울 수가 있을까? 안타깝지만 집중력처럼, 이러한 요약 능력 또한 단기간에 쉽게 키우기가 어렵다. 이것은 모범생 공부법처럼 오랜 기간의 독서 습관을 통해 서서히 만들어지기 때문이다.

그렇다면 요약 능력이 부족한 보통의 수험생이 작업기억에 과부하를 일으키지 않으면서 효율적으로 정보를 입력할 방법은 없는 것일까? 소수의 합격생처럼 작업기억 속에 필요한 정보만을 입력하는 방법 말이다.

이를 위해서는 다음의 2가지 조건을 만족해야만 한다.

첫째, 최대한 명확하고 자세하게 정보를 입력해야 한다.

작업기억은 우리 두뇌의 메모장이다. 끊임없이 새로운 정보들이 이 메모장에 입력이 되기 때문에 조금만 시간이 지나도 이전에 입력한 정보는 알아볼 수가 없게 된다. 마치 글씨를 빼곡히 적은 메모지에 또 다른 글씨를 끊임없이 적어나가듯이 말이다.

여러분이 친구와 함께 수많은 사람이 모여 있는 시끄러운 콘서트장에 있다고 해 보자. 이때 바로 옆에 있는 친구에게 중요한 말을 하려고 한다. 어떻게 해야 할까? 당연히 친구의

귀에 대고 큰 소리로 정확하게 말해야 할 것이다.

이러한 원리로 작업기억에 정보를 입력할 때는 명확하고 자세하게 해야 한다. 그렇게 해야만 순식간에 사라지는 작업 기억 속의 정보를 장기기억으로 잘 만들 수가 있다. 그 방법 이 바로 낭독을 통한 2배속 공부법이다.

2배속 공부법은 낭독을 통한 소리 자극을 통해 작업기억에 최대한 명확하고 자세하게 정보를 입력할 수 있는 최고의 방 법이다. 또한 녹음한 내용을 2배속으로 들으면서 중요한 내 용만을 선별해서 읽을 수 있는 속독법까지 저절로 익힐 수 있 다. 이를 통해 소수의 합격생이 사용하는 교재의 요약 능력까 지 키울 수가 있다.

둘째, 정보를 입력하는 경로를 최대한 줄여라.

모범생 공부법은 해야 하는 과정이 참으로 많다. 소수의 합 격생은 오랜 기간의 습관으로 이러한 과정을 즐기면서 공부 할 수가 있다. 하지만 보통의 수험생은 그렇게 할 수가 없다.

혼잡한 지하철에서 사람들이 서로 내리려고 하는 상황을 떠 올려보라. 이것이 바로 모범생 공부법의 수많은 과정으로 인해 여러분의 작업기억에 생기는 상황이다. 따라서 작업기억에 정보를 입력할 때는 그 경로를 최대한 줄여야 한다. 그 방법이 바로 2배속 공부법이다.

2배속 공부법은 정말 단순하다. 기존의 모범생 공부법과 달리 별도로 해야 하는 과정이 거의 없다. 녹음한 내용을 2배속으로 듣기만 하면 된다.

이처럼 2배속 공부법은 작업기억에 정보를 입력하는 경로가 오직 한 가지만 있으므로 절대로 작업기억에 과부하가 생기지 않는다. 따라서 보통의 수험생도 소수의 합격생처럼 작업기억 속에 입력하는 정보를 쉽게 장기기억으로 만들 수가 있다.

장기기억의 고속도로,
2배속 공부법

"우리는 기억하기 때문에 우리 자신이다."

- 2004년 노벨 생리의학상 수상자 에릭 캔델(Eric R. Kandel)

오전 7시 9분: 잠에서 깨다.

오전 7시 34분: 이제 정말 깨다.

오전 7시 44분: 정말로 완전히 깨다.

오전 10시 8분: 진짜로 깨다. 몇 년 만에 처음으로 깨다.

오전 10시 13분: 이제 확실하게 깨다.

오전 10시 28분: 이제야말로 몇 년 만에 처음으로 깨다.

- 영국의 세계적인 작곡가였던 클라이브 웨어링(Clive Wearing)의 일기 중

왼쪽 페이지의 글을 잠시 읽어보라. 어떤 정신 나간 사람이 장난삼아 쓴 글 같은가?

이 글은 세계적인 지휘자이자 작곡가였던 영국의 클라이브 웨어링(Clive Wearing)이 쓴 일기이다.

그는 1981년 당시 찰스 왕세자와 다이애나 스펜서의 왕실 결혼식에 사용할 교향악에 대한 총책임자를 맡을 정도로 유명한 음악가였다. 그런 그가 마흔여섯의 젊은 나이에 심각한 기억상실증에 걸리게 된다. 다행히 과거의 기억은 남아있어 가족들의 얼굴은 알아볼 수가 있었다. 하지만 새로운 기억은 단 7초밖에 하지 못하는 순행성 기억상실증(Anterograde amnesia)에 걸리고 만다.

이 일기는 세상에 대한 경험을 단 7초만 할 수 있는 한 남자의 처절한 자기 정체성에 관한 몸부림이다.

이러한 사례를 통해 알 수 있듯이 기억은 우리의 삶에서 대단히 중요하다. 어느 순간 이 남자처럼 더 이상 새로운 기억을 만들 수가 없다면 정상적으로 생활하기가 어려울 것이다.

그렇다면 우리의 두뇌에서 기억을 만드는 곳은 어디일까?

바로 유명한 해마(hippocampus)이다.

해마는 우리가 경험하는 외부의 모든 자극(경험)을 기억으로 저장하는 장소이다. 앞에서 언급한 음악가가 새로운 기억을 만들 수 없었던 이유는 바이러스가 그의 해마를 망가뜨렸기 때문이다.

물론 우리 두뇌에서 오직 해마 혼자서만 기억을 만드는 것은 아니다. 앞장에서 말했던 작업기억을 담당하는 전전두엽과 뉴런의 세포체(cell body)가 모여 있는 신피질 또한 기억 작업을 함께 하고 있다. 즉 작업기억과 해마, 신피질이 서로 협력

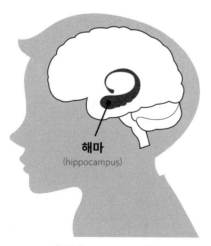

해마
(hippocampus)

[**해마**(hippocampus)]

하여 외부의 경험을 기억으로 만든다.

이 과정에서 가장 중요한 역할을 하는 것이 바로 해마이다. 해마는 작업기억에 잠깐 저장한 정보 중의 일부만을 선택하여 저장한다. 다시 그 정보를 신피질로 보내어 최종적으로 장기기억이 되는 것이다. 이후 기존에 저장한 장기기억을 사용해야 할 때 해마는 그 정보를 장기기억에서 작업기억으로 옮기는 작업을 한다. 이처럼 해마는 작업기억과 장기기억을 서로 연결하는 중계소와 같은 역할을 하고 있다.

이와 비슷하게 마크 글루크(Mark A Gluck)와 캐서린 마이어스 (Catherine Myers)와 같은 과학자는 해마가 외부에서 경험한 사건을 장기기억으로 저장한다는 '해마 영역 정보 관문 모델' 이론을 주장하고 있다.

이 이론에 따르면 해마는 두뇌 속 기억 작업에서 일종의 '정보 관문(information gateway)'의 역할을 하고 있다.

다음 페이지의 그림에서 보듯이 해마는 어떤 정보가 장기기억으로 들어갈지를 판단하는 일을 한다. 즉 불필요한 정보는 최대한 줄이고 필요한 정보는 알기 쉽게 풀어서 장기기억으로 보내는 것이다. 이처럼 해마는 작업기억과 장기기억을 이

해마	대뇌 신피질
새로운 정보를 1. 쓸모없거나 정보가 　　과다할 때는 압축한다. 2. 유용하다면 분화한다.	장기기억 형성

[학습에서의 해마 정보 관문 모델]

어주는 일종의 다리(bridge) 역할을 하고 있다.

이 그림처럼 해마는 작업기억에 들어온 내용 중에서 일부만을 선택하여 장기기억으로 보낸다. 이러한 장기기억에는 여러 종류가 있다. 수험생의 공부와 관련된 것으로는 일화기억(episodic memory)와 의미기억(semantic) 등 2가지가 있다. 이 중 합격에 필요한 기억은 당연히 의미기억이다. 하지만 일화기억 또한 무시할 수가 없다. 의미기억을 만들기 위해서는 먼저 일화기억의 도움이 필요하기 때문이다.

일화기억은 지금까지 살아오면서 우리가 경험한 시간과 장소, 인물에 관한 모든 경험을 말한다. 그런데 이 일화기억이 없다면 의미기억 또한 만들 수가 없다.

실제로 심리학자들의 최근 연구에 따르면 일화기억과 의미

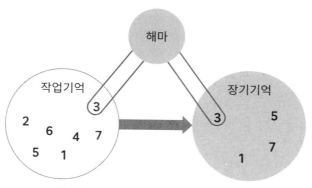

[작업기억과 장기기억의 중계소, 해마]

기억이 서로 밀접하게 연관되어 있다고 한다. 즉 우리가 일상
에서 반복적으로 마주치는 경험은 일종의 일화기억이 된다.
이후 시간이 흐르면서 일화기억에 포함된 여러 경험 중 일부
의 중요한 사실만이 남는데 이를 의미기억이라고 한다.

　예를 들어 처음으로 세종대왕에 대해 배웠던 수업 시간을 떠
올려보자. 당시 수업을 하시던 선생님과 같은 반 친구 등. 여
러 일화적인 개인의 경험이 기억날 것이다. 이후 책을 읽거나
TV를 보면서 수업 시간에 배운 것과는 별개로 세종대왕에 관
한 내용이 일반적인 지식인 의미기억으로 저장되었을 것이다.

　이와 관련하여 최근 심리학자들은 일화기억과 의미기억의
관계를 아래와 같이 설명하고 있다.

"사건의 특성을 알아보고 부호화하는 데 도움을 줄 수 있는 풍부한 의미적 배경지식이 있을 때 일화적 기억은 더욱 강력하게 형성되고 더 길게 지속될 것이다. 다른 한편으로는 정보와 마주한 상황에 대한 뚜렷한 일화적 기억이 있는 경우 의미적 기억이 더욱 강력하게 형성되고 더 길게 지속될 것이다."

- 학습과 기억 p318

#이제 이러한 심리학자들의 연구를 여러분의 공부에 적용해보자.

아래의 9급 행정학 기출문제의 문장을 보라.

문제〉 우리나라 지방자치단체의 권한(자치권)으로 옳지 않은 것은?

① 지방자치단체는 법률의 위임이 있어야 주민의 권리를 제한하는 조례를 제정할 수 있다.

② 지방자치단체는 주민의 복지증진과 사업의 효율적 수행을 위하여 지방공기업을 설치·운영할 수 있다.

③ 지방자치단체는 조례를 위반한 행위에 대하여 조례로써 1,500만원 이하의 과태료를 정할 수 있다.

④ 지방자치단체조합도 따로 법률로 정하는 바에 따라 지방채를 발행할 수 있다.

<정답은 3번>

행정학을 처음 공부하는 수험생은 당연히 처음 보는 행정학의 문장을 이해하기가 어려울 것이다. 따라서 생소한 문장을

이해하기 위해 사전을 찾아보거나 누군가에게 질문할 것이다. 이 과정에서 사용하는 것이 바로 수험생의 일화기억이다.

이제 기출문제의 일부 문장을 일화기억을 통해 이해해보자.

[문장] <u>지방자치단체</u>는 <u>법률</u>의 <u>위임</u>이 있어야 주민의 권리를 제한하는 <u>조례</u>를 <u>제정</u>할 수 있다.

■ **생소한 단어**: 지방자치단체, 법률, 위임, 조례, 제정

단어	생각	일화기억
지방자치단체	시청 건물을 생각한다.	시청
법률	법과 동일한 말이다. 법원을 생각한다.	법원
위임	어떤 일을 다른 사람에게 맡긴다는 의미이다.	맡기다, 허락하다
조례	지방 의회에서 만드는 법을 생각한다.	지방 의회의 법
제정	지방 의회 의원이 법을 만드는 것을 생각한다.	만들다

그렇다면 이 문장을 일화기억에 있는 단어를 이용해서 다시 써보자.

[문장] <u>시청은 법원의 허락</u>이 있어야 주민의 권리를 제한하는 <u>지방 의회의 법</u>을 <u>만들 수 있다</u>.

어떤가? 문장이 조금 더 이해하기가 쉬워지지 않았는가?

이처럼 처음 행정학을 공부하는 수험생은 생소한 문장을 이해하기 위해 자신의 일화기억을 이용해야만 한다. 사실 모든 수험생이 이렇게 공부를 시작한다. 모두 똑같은 출발선에서 시작하는 것이다.

하지만 개인의 독서 능력에 따라 문장을 이해하는 속도가 차이가 나게 된다. 이로 인해 교재 한 권을 모두 읽는 데 걸리는 시간이 차이가 나는 것이다.

여러 번 강조했듯이 이러한 독서 능력은 절대로 단기간에 키울 수가 없다. 부모의 경제력과 본인의 유전적인 특성에 따라 이미 결정된 것이기 때문이다.

이에 대해서는 제1장의 '가정의 경제력에 따른 초등학생의 교과 어휘력 격차에 관한 조사'를 통해 충분히 설명했다.

덧붙여서 이에 대한 또 다른 연구자료가 있다. 최근 한국직

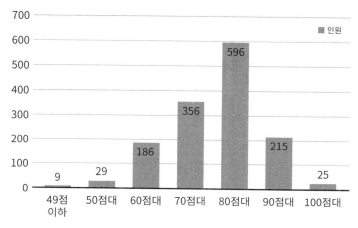

[**9급 공무원 시험 합격자 대학교 성적**(100점 환산 성적)]

업능력개발원에서는 9급 시험 합격자의 대학교 평균 학점을
조사하였다.

그 결과 9급 시험 합격자의 평균 학점은 거의 3점대로 나
왔다. 이처럼 대학교에서 공부를 잘한 수험생이 공무원 시험
에도 합격하고 있다는 걸 알 수가 있다. 저자가 일하는 교육
행정직만 보더라도 최근에 시험에 합격하는 수험생 대부분이
대학교 때의 학점이 좋았다.

이러한 여러 통계를 통해 알 수 있듯이 어릴 때부터 독서 능
력이 뛰어난 학생이 좋은 대학을 가고 공시에도 합격하는 것

이다.

이러한 이유로 수험생 간에 교재 한 권을 다 보는 데 걸리는 시간이 다른 것이다. 즉 좋은 환경에서 자란 수험생은 이미 많은 일화기억과 의미기억을 가지고 있으므로 처음 보는 교재의 생소한 문장을 더 빨리 이해할 수 있을 것이다. 그 결과 원하는 시험에도 빨리 합격하게 되는 것이다.

그렇다면 독서 능력이 떨어지는 보통의 수험생은 어떻게 공부를 해야 할까?

그 방법이 바로 낭독을 통한 2배속 공부법이다.

2배속 공부법은 다음의 두 가지 과정을 통해 여러분의 독서 능력을 키워주게 된다.

첫째, 낭독을 통해서 교재의 내용을 일화기억처럼 저장하게 된다.

우리는 외부의 새로운 경험을 이해할 때 기존에 두뇌에 저장된 지식의 구조인 스키마를 이용하게 된다. 그동안의 연구에 따르면 우리의 두뇌는 외부의 정보를 체계적으로 정리하는 것을 좋아한다고 한다. 마치 도서관의 색인 시스템과도 같이, 두뇌는 우리가 의식하지 않아도 새로운 정보를 분야별로 잘 정리할 수가 있다.

다른 장에서 설명하겠지만 연기자는 자신이 맡은 역할의 대사를 편도체를 이용해서 잘 암기할 수가 있다. 2배속 공부법 또한 교재의 내용을 마치 연기자가 된 것처럼 말하듯이 낭독하기 때문에 쉽게 장기기억을 만들 수가 있다.

둘째, 2배속 듣기를 통한 빠른 속독을 통해서 의미기억을 위한 스키마를 만들 수가 있다.

스키마	새로운 정보를 이해하기 위해 사용하는 일종의 지식 구조이다.

우리는 외부의 새로운 경험을 이해할 때 기존에 두뇌에 있는 지식의 구조인 스키마를 이용하게 된다. 그동안의 심리학 연구에 따르면 두뇌는 외부의 정보를 체계적으로 정리하는 것을 좋아한다고 한다. 마치 도서관의 색인 시스템과 같이 우리가 의식하지 않아도 두뇌는 외부의 정보를 분야별로 알아서 잘 정리한다는 것이다.

만약 지금까지 알지 못했던 정보를 만나게 되면 우리의 두뇌는 거의 무의식적으로 기존의 지식의 구조인 스키마를 이용하게 된다. 이러한 과정에서 두뇌는 새로운 스키마를 만들게 된다. 이 작업을 담당하는 것이 역시 해마이다.

이러한 개념은 여러분의 공부에도 그대로 적용할 수가 있다. 모든 수험생에게 처음 접하는 공무원 교재의 문장은 매우 낯설고 어렵게 느껴질 것이다. 따라서 기존의 지식의 구조인 스키마를 이용해서 교재 내용에 대한 새로운 스키마를 만들어야만 한다. 그런데 이 새로운 스키마는 교재의 일부 내용이 아닌 전체 내용을 통해서 만들어지는 것이다. 따라서 교재의 앞부분에서 읽은 내용을 뒷부분에서 읽은 내용과 연결할 수 있어야 한다. 그러기 위해서는 뒷부분을 읽을 때 앞부분의 내용을 기억하고 있어야만 한다.

하지만 독서 능력이 떨어지는 수험생은 교재의 뒷부분을 읽을 때 이미 앞부분의 상당수를 잊어버리게 된다. 따라서 교재를 빨리 속독해야만 한다.

물론 속독을 하면 교재의 내용을 충분히 이해할 수가 없어서 많이 답답할 것이다. 하지만 독서 능력이 뛰어난 소수의 수험생과는 달리 보통의 수험생은 일단 새로운 스키마가 있어야만 교재의 내용을 이해할 수가 있다. 이러한 스키마를 만

들기 위해 일단은 교재를 빨리 읽어야만 한다. 이렇게 만들어
진 스키마를 통해서 의미기억을 만들 수 있기 때문이다.

4배속의 과학적인 원리:
M=r×c/b ➡ M=4×rc/b

$$E = mc^2$$

위대한 물리학자 아인슈타인(Albert Einstein)의 상대성 이론 공식이다. 아인슈타인은 이 간단한 공식 하나로 세상에 관한 법칙을 간결하게 표현했다. 이 공식이야말로 서문에서 언급한 레오나르도 다 빈치의 명언 '단순함은 궁극의 정교함이다'라는 진리를 실현한 사례일 것이다.

저자 또한 그동안의 공부법 분석과 뇌과학 연구를 통해 공무원 합격에 관한 공식을 만들었다.

하루 동안의 집중력을 교재의 분량으로 나눈 후 반복 횟수를 곱하면 장기기억이 된다.

이제 이 공식을 하나하나 분석하면서 설명하겠다.

#장기기억(M: Memory)

공무원 합격에 가장 중요한 조건이 바로 장기기억이다. 공부와 관련된 장기기억에는 일화기억과 의미기억이 있다. 여기서 합격에 가장 필요한 것이 바로 공부기억인 의미기억이다. 물론 의미기억을 만들기 위해서는 먼저 일화기억을 이용해야만 한다. 그리고 오랜 기간의 다양한 독서를 통해 충분한 의미기억이 있다면, 공부와 관련된 새로운 의미기억을 더욱 수월하게 만들 수 있을 것이다.

이 공식에서 장기기억의 수치는 0~10 사이이다. 이유는 수학적인 간결함을 위해서이다.

#반복 횟수(r: repeat)

교재를 단 한 번만 보고서 시험에 합격할 수 있는 수험생은 없다. 여러분과 똑같은 생물학적 두뇌를 가진 수험생이라면 당연히 교재를 반복해서 공부해야만 한다.

그렇다면 몇 번을 반복해야만 할까?

수험생마다 독서 능력이 다르므로 딱히 정해진 기준은 없다. 다만 오랜 기간 수많은 합격생을 분석한 바에 따르면 거의 10번 정도가 평균인 듯하다. 10번을 반복한 다음에는 필요한 내용만 다시 골라서 보면 된다.

따라서 반복 횟수의 수치 또한 0~10 사이이다.

#집중력(c: concentration)

이 공식에서 가장 중요하면서도 복잡한 부분이다.

좀 더 쉽게 이해하기 위해 이 집중력(c)을 다시 공식으로 나누어 생각해보겠다.

$$C = u \times v$$

Concentration	understanding	velocity
집중력	독서 이해력	독서 속도

다른 장에서 설명했듯이 공부에 있어 집중력은 독서 능력과 같은 말이다.

독서법에 관한 여러 책을 종합해보면 이러한 독서 능력은 독서의 이해력과 속도에 의해 결정된다고 한다. 즉 빨리 읽고 깊이 이해할 수 있어야 한다는 것이다.

시험을 보는 수험생에게는 매우 당연한 능력이라고 할 수 있다.

먼저 독서의 이해력(u)을 보자. 이것은 교재에 나오는 문장을 읽고 이해할 수 있는 능력을 말한다. 이제 문장에 대해 생각해보자.

문장은 무엇으로 이루어져 있는가? 당연히 단어로 이루어져 있다. 문장의 뜻을 이해하려면 당연히 단어의 뜻을 먼저 알아야 한다. 이것은 장기기억(M)과 관계가 있다. 즉 사전에 알고 있는 단어가 많다면 문장도 쉽게 이해할 수 있을 것이다.

다음으로 독서의 속도(v)를 보자. 독서의 속도는 속발음의 속도를 말한다. 과학자들의 연구에 따르면 평상시 말하기 속도와 속발음의 속도는 똑같다고 한다.

#교재 내용(b: book)

마지막으로 교재의 내용을 설명하겠다.

시험에 합격하기 위해서는 교재의 내용을 되도록 많이 장기기억(M)으로 만들어야 한다.

공식 'M=rc/b'에서 장기기억(M), 반복 횟수(r), 집중력(c)의 최댓값이 모두 10이므로 교재 내용(b)의 값 또한 10이 되어야 균형이 맞추어진다. 대신 교재의 내용은 처음부터 변화가 없으므로 상숫값 10으로 한다.

이 공식을 합격생과 불합격생을 비교해서 살펴보겠다.
BDNF의 대립유전자 Val과 Met의 조합에 따라 사람 간의 학습 능력에 차이가 생긴다고 설명했다. 이 유전자 조합에 따라서 합격생과 불합격생 간의 차이를 설명하겠다.

BDNF 유전자 조합에 따른 장기기억 차이	1	**합격생 Val / Val ➡ 집중력 10** $10(M) = 10회(r) \times 10(c)/10(b)$
	2	**불합격생 Val / Met ➡ 집중력 5** $10(M) = 20회(r) \times 5(c)/10(b)$
	3	**불합격생 Met / Met ➡ 집중력 1** $10(M) = 100회(r) \times 1(c)/10(b)$

#독서 능력이 뛰어난 수험생

독서 능력이 뛰어난 수험생의 유전자 조합은 Val/Val이다. 이전 장에서 설명했듯이 공시 합격생의 독서 능력은 불합격생보다 훨씬 뛰어나다. 따라서 집중력 또한 더 나을 수밖에 없다.

여기서 합격생의 집중력은 최댓값인 10으로 하자. 합격생의 공무원 합격 공식은 다음과 같다.

$$10(M) = 10회(r) \times 10(c)/10(b)$$

즉 합격생은 교재를 10회 반복하면 시험에 합격하게 된다.

#독서 능력이 부족한 수험생

독서 능력이 부족한 수험생의 유전자 조합은 Val/Met 혹은 Met/Met이다.

'표준 정규 분포표'상으로 독서 능력이 평균(Val/Met)인 수험생의 수가 가장 많으므로 집중력의 값은 5라고 하자. 그리고 유전자 조합이 Met/Met인 수험생의 집중력의 값은 1이라고 하자.

이제 이들이 합격할 수 있는 공식을 만들어보겠다.

먼저 유전자 조합이 Val/Met인 경우이다.

$$10(M) = 20회(r) \times 5(c) / 10(b)$$

즉 집중력이 5인 수험생이 합격하기 위해서는 교재를 20번 반복해야만 한다.

다음으로 Met/Met인 경우이다.

$$10(M) = 100회(r) \times 1(c)/10(b)$$

집중력이 1인 수험생이 합격하기 위해서는 교재를 100번이나 반복해야만 한다(저자의 독서 능력 또한 이 유전자 조합에 해당할 것이다). 아마도 이 유전자 조합에 해당하는 수험생은 100번을 반복하기도 전에 공부를 포기할 것이다.

그렇다면 독서 능력이 부족한 수험생은 어떻게 공부해야 할까?

앞에서 말했던 집중력(c)에 관해 다시 생각해보자.

집중력은 독서의 이해력과 속도의 곱으로 되어 있다. 타고난 능력인 독서의 속도와 이해력은 기존의 모범생 공부법으로는 쉽게 키울 수가 없다. 따라서 이 능력을 키울 수 있는 2배속 공부법을 해야만 한다.

다음 장에서 설명하겠지만 2배속 공부법에는 낭독뿐만이 아니라 여러분의 독서 능력을 키워 줄 또 다른 비법 2가지가 더 있다. 편도체 활용법과 설계도식 공부법이 그것이다.

이제 모든 유전자 조합의 수험생이 2배속 공부법을 했을 때의 공식의 변화를 보겠다.

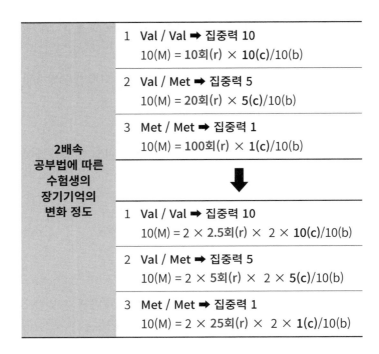

2배속 공부법에 따른 수험생의 장기기억의 변화 정도	1 Val / Val ➡ 집중력 10 10(M) = 10회(r) × 10(c)/10(b)
	2 Val / Met ➡ 집중력 5 10(M) = 20회(r) × 5(c)/10(b)
	3 Met / Met ➡ 집중력 1 10(M) = 100회(r) × 1(c)/10(b)
	1 Val / Val ➡ 집중력 10 10(M) = 2 × 2.5회(r) × 2 × 10(c)/10(b)
	2 Val / Met ➡ 집중력 5 10(M) = 2 × 5회(r) × 2 × 5(c)/10(b)
	3 Met / Met ➡ 집중력 1 10(M) = 2 × 25회(r) × 2 × 1(c)/10(b)

위 공식에서 보듯이 2배속 공부법을 실천하게 되면 모든 수험생의 교재 반복 횟수(r)가 4배로 크게 줄어들게 된다. 특히 유전자 Met/Met인 수험생의 경우 교재 반복 횟수가 100회에서 25회로 크게 줄어들었다. 100회보다는 25회가 그래도 해 볼 만하지 않은가?

저자의 공시 경험과 저자가 지도해 준 여러 명의 수험생의 경험으로 볼 때 2배속 공부법을 하게 되면 누구나 6개월 안에 시험에 합격할 수가 있다. 그 비밀이 바로 이 공식에 있다.

여러 통계에 따르면 9급에 합격하는 수험생의 평균 공부 기간은 2년이라고 한다.

2배속 공부법을 하게 되면 단기간에 독서의 이해력과 속도를 크게 높일 수가 있다. 또한 2배속으로 속독을 함으로써 교재를 반복하는 횟수까지 줄일 수가 있다. 따라서 장기기억을 만드는 속도가 4배 가까이 증가하게 된다.

$$M = rc/b \Rightarrow M = 2 \times r \times 2 \times c/b \Rightarrow M = 4 \times rc/b$$

이처럼 2배속 공부법을 하게 되면 공부 기간이 4배나 줄어들기 때문에 누구나 6개월 안에 공무원 시험에 합격할 수가 있다.

$$24개월 / 4 = 6개월$$

모범생처럼 공부하지 마라

산만함의 멀티태스킹, 모범생 공부법 | 연기자의 암기 비법, 편도체를 활용하라 | 게임중독의 원리, 2배속 공부법 | 마법의 설계도식 <Ctrl+F> 공부법 | 1%만 아는 동시통역식 영어공부법

산만함의 멀티태스킹,
모범생 공부법

여기 배가 고프고 목까지 말라 다 죽어가는 당나귀 한 마리가 있다. 이 불쌍한 당나귀 앞에 갑자기 건초더미와 물이 놓인다. 당나귀는 어찌 되었을까?

당나귀는 건초를 먹을지 아니면 물을 마실지 고민만 하다가

[뷔리당의 당나귀]

죽었다고 한다. 당나귀는 왜 죽었을까?

이 당나귀는 자유의지(free will)가 없어서 한 번에 한 가지 일만 할 수 있었기 때문이다. 14세기 철학자 장 뷔리당(Jean Buridan)이 말했다고 전해지는 '뷔리당의 당나귀(Burudan's Ass)'에 관한 이야기이다.

이와 정말 비슷한 또 하나의 이야기가 있다.

여기 3년 동안 공무원 공부를 하는 수험생이 있다. 그의 앞에는 교재와 노트, 문제집 등이 놓여있다. 이 수험생은 시험에 합격했을까?

안타깝게도 이 수험생은 교재를 볼지 노트 필기를 할지 아니면 문제집을 풀지 고민만 하다가 결국 시험에 떨어졌다고

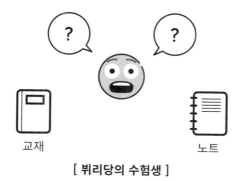

교재　　　　　　　　노트

[뷔리당의 수험생]

한다. 부끄럽지만 과거 저자의 이야기다.

어떤가? 이 두 이야기를 보고 느끼는 바가 있는가?

뷔리당의 당나귀는 수많은 선택의 갈림길에서 아무런 결정도 하지 못하는 우리 인간을 풍자하고 있다. 한 마디로 '결정장애'를 앓고 있는 현대인에 관한 이야기라고 볼 수 있겠다.

저자는 공무원이 되기 전 3년 동안을 이 뷔리당의 당나귀로 살았다. 막상 공부는 시작했지만 무엇을 해야 할지 그리고 어떻게 해야 할지 결정조차 하지 못한 채 시간만 낭비했다.

여러분은 어떤가? 여러분의 공부 방법 말이다. 여러분 또한 무엇을 어떻게 해야 할지 아직 결정을 못 하는 뷔리당의 당나귀는 아닐까?

자, 앞장에 대해 복습을 해 보자.

이것은 두뇌의 메모장이라 불린다. 이것에 여러 가지 정보가 입력되면 장기기억으로 가는 통로에 병목현상이 생긴다. 이것은 무엇일까?

정답은 작업기억(working memory)이다.

이 작업기억이 앞에서 말한 뷔리당의 당나귀와 깊이 관련되어 있다. 당나귀는 결정 장애가 있어서 오직 한 번에 한 가지 일만 할 수가 있다. 재미있게도 우리의 작업기억 또한 한 번에 한 가지 일만 할 수 있다고 한다.

그렇다면 우리의 작업기억 또한 당나귀처럼 결정 장애가 있는 것일까?

그동안 과학자들이 연구한 자료를 보면 실제로 그런 것 같다. 그 증거가 바로 멀티태스킹(multitasking)이다.

멀티태스킹　　한 번에 2가지 이상의 일을 동시에 처리하는 것.

우리는 하루 중 많은 시간 동안 멀티태스킹을 하고 있다. 예를 들어 공부하면서 음악을 듣는다거나 운전을 하면서 전화를 거는 것 등이다. 흔히들 멀티태스킹이라고 하면 긍정적인 이미지부터 떠올린다. 너무나 바쁜 현대인에게 여러 가지 정보를 한꺼번에 처리하는 멀티태스킹 능력은 필수이기 때문이다.

하지만 그동안의 연구 결과를 보면 이러한 멀티태스킹을

할 때 두뇌가 정보를 처리하는 능력은 오히려 더 떨어진다고 한다.

왜냐하면 우리의 작업기억은 오직 한 가지 경로를 통해서만 정보가 입력될 때 가장 효율적으로 작동하기 때문이다. 이 경로를 과학자들은 우리의 의식(consciousness)이라고 부르고 있다 (또한 작업기억 자체를 의식으로 정의하기도 한다).

의식	깨어 있는 상태에서 자기 자신이나 사물에 대하여 인식하는 작용

깨어 있을 때 우리는 오직 한 가지 일이나 생각만을 의식할 수 있을 뿐이다. 절대로 2~3가지를 동시에 의식할 수는 없다. 2~3가지가 의식되는 것 같은 이른바 멀티태스킹의 느낌은 착각일 뿐이다. 과학자들의 연구에 따르면 이것은 단지 순간적인 의식의 전환일 뿐이라고 한다. 쉽게 말해서 우리의 두뇌가 하나이므로 우리의 의식 또한 하나일 수밖에 없다.

이에 대해 로마 시대의 유명한 극작가였던 세네카(Seneca)는 이런 말을 남겼다.

"모든 곳에 있는 것은 아무 곳에도 없는 것과 같다."

오늘날 현대인의 멀티태스킹에 관한 매우 적절한 비유라 할 수 있겠다.

이처럼 우리의 두뇌는 그 구조상 절대로 멀티태스킹을 할 수 없도록 설계되어 있다.

따라서 우리의 작업기억이 한 번에 여러 가지의 일을 처리해야 할 때 뷔리당의 당나귀와 같은 결정 장애에 빠지게 되는 것이다. 이러한 결정 장애가 바로 모범생 공부법을 하는 보통의 수험생이 겪게 되는 상황이다.

연기자의 암기 비법,
편도체를 활용하라

여기 아름다운 여인이 있다. 이 여인에게 두 명의 남자가 동시에 구애하고 있다.

공교롭게도 이 두 남자의 모든 조건이 너무나 비슷하다. 키, 몸무게, 직업, 재산, 심지어 구애 대사까지. 여인으로서는 고민이 아닐 수 없겠다.

하지만 두 명의 구애 행동에 차이가 있다.

두 명 모두 '나랑 결혼하면 행복하게 해줄게'라고 말하고 있다.

이 중 한 명은 로봇처럼 무미건조하고 무표정한 표정으로

[여성은 어떤 남자와 결혼하게 될까?]

말을 한다. 이에 반해 다른 한 명은 최대한 간절한 표정으로 무릎까지 꿇어가며 말하고 있다.

이 여인은 어떤 남자의 구애를 받아들일까?

당연히 간절한 남자의 구애를 받아들일 것이다.

그렇다면 이 여인이 간절한 남자의 구애를 받아들인 원인은 무엇일까? 뇌과학적인 원인 말이다. 그 비밀이 바로 우리 두 뇌 안쪽에 있는 편도체(amygdala)에 있다.

편도체는 아몬드 크기의 둥근 구조물로써 우리가 느끼는 수많은 감정에 깊숙이 관여하고 있다. 특히 편도체는 우리가 경험하는 내용을 기억으로 저장할 때 아주 중요한 역할을 한다.

TV 드라마에 나오는 유명한 배우가 대본도 보지 않고 유창하게 대사를 하는 걸 보고 한 번쯤 놀란 적이 있는가? 어떻게 그렇게 쉽게 대사를 외울 수 있을까?

지금까지 살면서 경험한 것 중 특별하게 기억에 남는 것을 떠올려보라. 주로 어떤 기억이 떠오르는가?

아마도 우리의 감정을 강하게 자극했던 기억일 것이다. 배우가 대사를 잘 외우는 비밀이 바로 여기에 있다. 유명한 배우일수록 짧은 시간 안에 많은 대사를 외워야 한다. 이들은 실제로 연기를 하듯이 최대한 감정을 살려서 대사를 말하면서 외운다. 이렇게 감정을 살려서 말할 때 활성화되는 부위가 바로 편도체이다.

이처럼 편도체를 자극하는 정보일수록 기억으로 잘 저장된다. 앞서 예로 든 두 남자 중 간절하게 구애를 한 남자가 여자의 승낙을 받은 이유가 여기에 있다. 따라서 여러분은 이러한 편도체의 특성을 공부에 적극적으로 활용할 필요가 있다.

바로 여기에 2배속 공부법의 또 하나의 비밀이 있다.

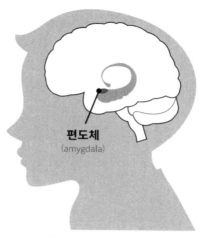

[감정을 만드는 부위인 편도체]

즉 교재를 낭독할 때 마치 배우가 연기하듯이 최대한 감정을 살려서 하라는 것이다. 목소리, 표정, 몸짓까지 최대한 감정을 살려서 낭독한다면 분명히 더 많은 내용을 기억할 수 있을 것이다.

제2장에서 설명했듯이 유대인은 하브루타(chavruta)라는 특이한 학습 방법으로 지금까지 많은 노벨상 수상자를 배출했다. 2014년 당시에 유대인 대학교 도서관에서 이 하브루타 학습법을 처음 접한 우리나라 기자는 큰 문화 충격을 받았다고 한다. 우리가 생각하는 도서관은 숨소리조차 들리지 않는 공부를 위한 조용한 장소다. 그런데 유대인의 도서관은 번잡한 시

장통처럼 너무 시끄러웠다.

특히 두 명씩 짝을 지어 공부하는 학생들의 모습이 마치 서로 싸우는 것처럼 들렸다고 한다. 당시 우리나라 기자가 하브루타를 하던 학생 한 명과 인터뷰를 했다. 그 학생은 이렇게 감정적으로 큰 소리를 내며 공부를 해야 기억이 잘 된다고 했다. 이 학생은 무의식적으로 자신의 편도체를 자극하는 공부를 하고 있었다.

유대인의 이러한 하브루타 공부법을 한국식으로 정리한 것이 바로 저자의 2배속 공부법이다. 이런 내용을 보고도 계속 묵독을 고집할 것인가?

이처럼 편도체는 합격에 중요한 기억을 더 쉽게 만들어주는 중요한 기능을 하고 있다. 그런데 이 편도체가 우리의 습관적인 행동에도 영향을 준다는 사실을 알고 있는가?

누구나 좋은 습관을 지니길 원한다. 습관에 따라 인생의 성공이 결정되기 때문이다. 특히 수험생이라면 공부를 습관으로 만들기를 원할 것이다.

만약 공부가 습관화되면 온갖 유혹에 흔들리지 않고 최종 목표인 합격에만 집중할 수 있을 것이다. 다음 장에서는 이러한 공부 습관화의 한 가지 방법으로 파블로프(Ivan Pavlov)의 '고전적 조건형성(Classical Conditioning)'의 원리를 설명할 것이다. 이 원리는 여러분의 공부에 가장 큰 방해가 되는 스마트폰을 역이용하여 공부를 습관화하는 절묘한 방법이다.

이제 낭독을 하는 구체적인 방법을 알려주겠다.

1. 큰 소리로 낭독을 하라.
2. 중간중간에 크게 웃어라.

어떤가? 어이가 없어 보이겠지만 이 방법은 정말 효과가 좋다(유대인 학생들이 이렇게 공부해서 좋은 효과를 보고 있다). 우리는 즐거울 때는 기분이 좋고 슬플 때는 기분이 나쁘다. 우리는 본능에 따라 기쁨을 주는 일만 하기를 원한다. 이러한 기쁨을 느낄 때 두뇌의 편도체가 자극된다. 그리고 기쁨을 주는 일을 반복하면 습관이 된다.

실제로 과학자들은 편도체가 습관화와 관련이 있는지를 여러 가지 방법으로 실험하였다. 그 결과 두뇌에서 감정을 담당하는 부위인 편도체가 습관화에 큰 영향을 준다는 사실을 알아냈다.

먼저 사람을 대상으로 한 실험을 보자. 이 실험에서는 편도체가 손상된 사람과 정상인 사람에게 큰 소리를 들려준 후 피부 전도 반응(SCR, 피부에서 땀이 나는 정도)을 비교하였다. 실험의 과정은 이렇다.

먼저 피험자에게 SCR을 유발하는 100dB(데시벨)의 소리를 들려준다. 그 후 이 소리 자극과 함께 특정한 색깔의 시각 자극을 제시한다. 다시 일정한 시간이 지나면 소리 자극이 없이 시각 자극만을 제시한다. 이때 피험자의 SCR을 측정했다.

그 결과 편도체가 정상인 피험자는 소리가 없는 빛 자극에 대해 SCR을 보였지만, 편도체가 손상된 피험자는 아무런 반응을 보이지 않았다.

이러한 편도체의 습관화는 동물을 대상으로 한 실험에서도 증명되었다.

쥐를 대상으로 한 실험에서는 쥐에게 특정한 소리를 들려줄 때마다 발바닥에 전기충격을 주었다.

이러한 자극을 여러 번 반복하자 쥐의 행동이 변화되었다. 이제 쥐는 반복되었던 소리만 들어도 그 자리에 멈추는 동결 반응을 보였다. 이유는 소리 자극 이후에 발바닥의 충격을 예상했기 때문이다. 이에 반해 편도체가 손상된 쥐는 이런 반응을 보이지 않았다.

이 두 실험을 통해 알 수 있듯이 특정한 소리 자극은 편도체에 강한 자극을 준다. 이를 통해 행동이 습관화되는 것이다. 이러한 이유로 낭독을 할 때 가끔 크게 웃으라는 것이다.

이에 대한 또 하나의 근거로 '인지 부조화 이론'이 있다.

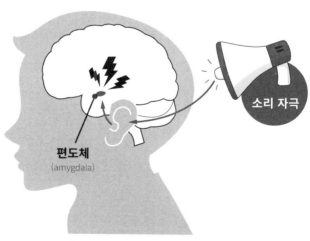

[편도체는 소리 자극에 민감하다]

인지 부조화 이론	사람들은 자신의 태도와 행동이 서로 모순될 때 불편함을 느낀다. 이를 해소하기 위해 자신의 태도를 변화시켜 조화 상태를 유지하려 한다.

우리의 두뇌는 상상과 현실을 구분하지 못한다. 녹음할 때 억지로라도 웃는다면 두뇌는 공부를 재미있는 행동으로 착각하게 된다. 이러한 착각 속에서 두뇌는 행복의 호르몬인 도파민을 분비한다. 그 결과 편도체가 자극되어 공부가 습관화된다.

이러한 인지 부조화 이론을 이용한 것이 바로 2배속 공부법이다.

다시 한번 강조한다. 교재를 녹음할 때 많이 웃어라. 처음에는 녹음이 힘들겠지만 어느 순간부터는 즐거워질 것이다. 여러분의 두뇌가 무의식적으로 녹음이라는 행동을 즐거운 것으로 받아들이기 때문이다.

저자는 개인적으로 독서를 무척 좋아한다. 공무원이 되고 난 이후에도 2배속 공부법으로 독서를 즐기고 있다. 그리고 독서를 할 때 많이 웃는 걸 좋아한다. 이를 통해 저자는 독서를 습관화할 수 있었다.

[인지 부조화 이론을 활용한 2배속 공부법]

다른 한편으로 2배속 공부법이 무섭게 느껴진다. 왜냐하면 이 방법을 통한 습관화의 강도가 너무나 강해서 독서에 거의 중독이 되기 때문이다.

여러분도 2배속 공부법으로 공무원 공부에 중독되길 바란다.

게임중독의 원리, 2배속 공부법

　'중독'이라고 하면 무엇이 생각나는가? 알코올 중독, 게임 중독, 약물 중독, 인터넷 중독 등등. 중독이라고 하면 주로 부정적인 단어가 생각날 것이다.

　중독은 '어떤 사상이나 사물에 젖어 버려 정상적인 생활을 할 수 없는 상태'를 의미한다. 쉽게 말해 어떤 부정적인 행동이나 사물에 두뇌가 습관화되어 정상적인 생활을 할 수 없는 상태를 말한다.

　2배속 공부법은 이러한 중독의 원리를 이용한 것이다. 그중에서 특히 게임 중독의 원리를 이용했다.

　잘 알다시피 공부에 습관화되기보다는 게임에 습관화되기

가 훨씬 쉽다. 이유는 도파민(dopamine)이라는 호르몬 때문이다.

도파민에 대해 들어봤을 것이다. 바로 이 도파민이라는 호르몬으로 인해 게임에 중독된다. 도파민은 중뇌(midbrain)에 있는 복측피개부(VTA)와 흑질(SNc)에서 분비되는 신경전달물질이다.

복측피개부에서 분비되는 도파민은 전두엽으로 전달되어 보상 반응이나 쾌감을 일으킨다. 그리고 흑질에서 분비되는 도파민은 측두엽 안쪽의 기저핵(basal ganglia)으로 전달되어 운동 조절에 관여한다. 이 중 흑질에서 기저핵으로 분비되는 도파민이 게임 중독을 일으킨다. 이유는 기저핵이 반복되는 행동을 습관화시키기 때문이다. 이렇게 기저핵이 행동을 습관화시킨다는 사실은 여러 실험을 통해 확인되었다.

먼저 쥐를 통한 실험을 보자. 두뇌 속에 미세한 전극을 삽입한 쥐를 칸막이가 있는 T자형 미로의 입구에 놓는다. 그 후 딸깍하는 소리와 함께 칸막이가 열리면 쥐는 코를 킁킁대면서 미로 안을 탐색하기 시작한다. 그러다 우연히 쥐는 T자형의 갈림길에 서 있게 된다. 쥐는 한참을 기다린 후에야 초콜릿이 있는 방향으로 가서 달콤한 보상을 받는다. 이후 쥐는 다시 출발 위치에 놓이고 똑같은 실험이 반복된다.

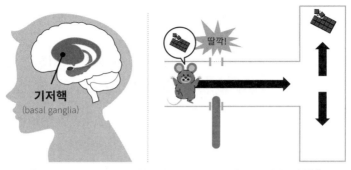

[인간의 기저핵과 T자형 미로를 이용한 쥐의 습관화 실험]

이러한 실험을 반복하면 쥐가 초콜릿이 있는 목표물까지 가는 속도가 점점 빨라진다. 일종의 습관이 형성된 것이다. 이렇게 습관이 형성되면 실험자가 초콜릿의 위치를 오른쪽으로 옮겨놓는다. 잠시 후 쥐는 어떤 방향으로 갈까?

놀랍게도 분명히 냄새가 나는데도(쥐의 시력은 나빠서 주로 냄새를 기준으로 이동함) 계속해서 기존에 초콜릿이 있던 왼쪽으로만 간다. 일종의 반응 고집(perseveration)이다. 더욱더 재미있는 사실은 입구 가까운 쪽에 초콜릿을 놓아두어도 그냥 지나치는 경우가 많다.

이 실험을 통해 알 수 있듯이 습관화된 행동은 쉽게 없어지지 않는다. 그 부정적인 예가 바로 게임 중독이다. 하지만 기저핵에 의한 습관화가 모두 부정적이지는 않다.

여러 번 강조했듯이 보통의 수험생은 소수의 합격생에 비해 집중력이 많이 부족하다. 기존의 모범생 공부법은 이러한 집중력을 많이 사용해야 한다. 하지만 2배속 공부법은 집중력을 많이 사용하지 않아도 된다. 2배속 공부법을 하게 되면 공부가 쉽게 습관화되어 집중력이라는 에너지를 아낄 수 있기 때문이다. 이러한 습관화에 기저핵이 관여하고 있다.

아래의 그림은 T자형 미로에 놓인 쥐의 기저핵에서 일어난 뇌파를 비교한 것이다. 실험 초기에는 쥐의 뇌파가 활발히 움직이고 있다. 이는 두뇌가 에너지를 많이 사용한다는 의미이다.

반면 후기에는 뇌파가 오직 미로의 입구와 초콜릿에 도착할

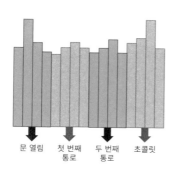

[실험 초기 쥐의 기저핵 뇌파]

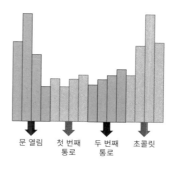

[실험 후기 쥐의 기저핵 뇌파]

때만 활발하다. 이는 두뇌가 에너지를 적게 사용한다는 의미이다. 즉 기저핵을 통해 행동이 습관화된 것이다.

이처럼 행동이 습관화되면 두뇌의 에너지 자원인 집중력을 크게 절약할 수 있다.

이러한 에너지 절약의 원리를 이용한 것이 바로 2배속 공부법이다. 우리의 두뇌는 부정적인 행동을 습관화하는 원리와 똑같이 긍정적인 행동도 충분히 습관화할 수 있다. 수험생에게는 공부 습관화가 긍정적인 행동일 것이다. 2배속 공부법은 이러한 공부 습관화를 위해 스마트폰을 이용한다.

이미 우리 모두 스마트폰에 중독되어 있다. 거의 매 순간 스마트폰이 제공하는 즐거운 자극에 우리의 시간을 빼앗기고 있다. 사실 스마트폰이 나오기 전에는 버스나 지하철에서 책을 읽는 사람을 어렵지 않게 볼 수 있었다. 하지만 지금은 무서울 정도로 모두 다 스마트폰 삼매경에 빠져 있다.

이처럼 우리 모두에게 스마트폰은 일종의 분신과도 같이 되어버렸다. 이러한 이유로 요즘의 수험생은 공부에 더욱 집중하기가 어렵다. 수험생의 기저핵에 스마트폰이 습관화되었기 때문이다. 하지만 오랜 기간 뇌과학을 공부한 저자는 이러한 스마트폰 습관화를 공부 습관화로 바꾸는 방법을 알아냈다. 그 방법을 설명하겠다.

1. 책상에 앉은 다음에 스마트폰을 켠다.
2. 스마트폰으로 게임과 같은 평소 좋아하는 것을 한다.
3. 어느 정도 하다가 싫증이 나면 스마트폰의 녹음기를 켠다.
4. 새로 산 책을 앞에 놓는다.
5. 친구와 대화한다는 가벼운 마음으로 책을 처음부터 낭독하면서 녹음한다.
6. 어느 정도 하다가 싫증이 나면 다시 게임을 한다.
7. 이런 식으로 게임과 녹음을 번갈아 하면서 공부를 습관화한다.

2배속 공부법은 강력한 스마트폰 중독을 더욱 강력한 공부 중독으로 바꾸어주는 대단히 절묘한 방법이다. 이유는 두뇌의 기저핵(basal ganglia)에 이미 형성된 스마트폰 중독에 대한 경로를 공부 중독으로 재활용하기 때문이다.

기존의 독서법에서는 '작업흥분(work excitement)'이라는 어려운 말로 일단은 책상에 앉는 습관부터 들이라고 충고한다. 하지만 집중력(의지력)이 부족한 보통의 수험생은 이러한 행동조차 무척 힘이 든다. 따라서 발상의 전환이 필요하다.

그 방법이 바로 스마트폰이다. 즉, 우리의 몸을 먼저 책상에 앉히기 위해 스마트폰을 적극적으로 활용하자는 것이다.

'시작이 반'이라고 했다. 지금까지 어떠한 독서법도 이렇게 스마트폰을 활용한 경우는 없었다. 이렇게 공부를 시작할 때 스마트폰을 활용하게 되면 굳이 '작업흥분'과 같은 인내심을 사용하지 않아도 가볍게 공부를 시작할 수 있다.

일단은 책상에 앉아 좋아하는 게임을 하는 것부터 시작해보라. 그 후 잠깐씩 책의 문장을 낭독하면서 스마트폰으로 녹음하라. 일단 녹음을 시작하게 되면 정말 빠르게 공부가 습관화

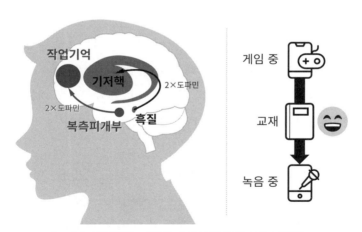

[2배속 공부법은 기존의 스마트폰 중독으로 고정된
도파민의 경로를 재활용한다.]

된다. 지금까지 여러 수험생을 직접 지도해 본 저자의 틀림없는 경험이다. 이렇게 여러 번 녹음을 반복하면 공부라는 행동이 아예 중독될 것이다.

 뇌과학적으로 특정 행동에 중독되었다는 것은 두뇌의 도파민 경로가 이미 확고하게 자리를 잡았다는 것을 의미한다. 스마트폰를 활용한 공부는 기존에 이미 자리를 잡은 이러한 도파민의 경로를 그대로 재활용하는 것이다.

마법의 설계도식
〈Ctrl+F〉 공부법

설계도식 공부법이라? 이름이 조금 독특해 보인다.

설계도라는 말은 특정한 건물을 짓기 위해 사전에 만들어두는 도면과 같은 것이다.

이것은 어떤 공부법일까?

설계도식 공부법은 공부한 내용을 교재의 설계도에 따라 체계적으로 두뇌에 입력하는 것을 말한다.

그렇다면 교재의 설계도는 무엇일까?

그것은 맨 앞쪽에 나와 있는 교재의 목차(차례)를 말한다. 목차는 교재에 있는 내용을 주제별로 나눈 것이다.

목차는 저자가 교재의 내용을 어떻게 작성해서 어디에 배치할지를 잡아주는 일종의 설계도와도 같다. 어떤 분야의 책이든 책을 쓰려면 먼저 목차를 정해야 한다. 여러분이 공부하는 교재 또한 이러한 목차에 따라서 집필되었다. 이러한 목차가 있어야 저자는 자기 생각을 체계적으로 써나갈 수 있다.

이처럼 저자는 자신이 미리 작성한 목차를 따라 그에 맞는 내용을 구성한다. 따라서 목차는 교재의 핵심내용을 미리 알려주는 요약문과도 같다. 즉 교재의 목차는 교재의 핵심내용을 체계적으로 정리한 설계도라 할 수 있겠다.

설계도식 공부법은 이러한 원리를 이용한 것이다. 공부할 때 이러한 목차를 집중해서 보게 되면 합격에 필요한 의미기억을 매우 체계적으로 정리할 수 있다.

어찌 보면 이것은 교재를 집필한 저자의 두뇌 속 생각을 엿보는 것이라고도 할 수 있다. 만약 교재를 집필한 저자가 그 과목에 대한 시험을 본다면 어떨까?

아마 눈감고도 쉽게 답을 찾을 것이다. 이처럼 설계도식 공부법은 교재를 집필한 저자의 생각을 그대로 들여다보는 것이다. 따라서 설계도식 공부법을 하게 되면 '교재를 집필한 저자의 두뇌 = 여러분의 두뇌'의 경지에 도달하게 된다.

따라서 공부를 할 때 교재의 목차를 유심히 봐야만 한다. 우리의 두뇌가 외부의 정보를 기억하는 원리를 본다면 이러한 목차 중심의 설계도식 공부법이 얼마나 효율적인지 금방 이해할 수 있을 것이다.

이를 위해서는 의미기억에 대해 자세히 살펴봐야 한다. 이미 말했듯이 여러분의 합격을 결정하는 가장 중요한 기억이 바로 의미기억이다. 실제 시험에서는 여러분의 두뇌에 저장된 의미기억을 잘 활용해야만 합격할 수가 있다.

공무원 시험은 일종의 의미기억 인출 테스트라고도 할 수 있다. 따라서 이러한 의미기억을 잘 만드는 방법부터 알아야 한다.

그 방법이 바로 설계도식 공부법이다.

설계도식 공부법을 설명하기 전에 먼저 의미기억의 구조에 관해 설명하겠다.

다음의 질문에 답해보라.

"우리나라의 수도는 서울인가?"

정말 쉽다. 그렇다면 이 질문에도 답을 해 보라.

"중앙탑은 청주나 충주 중 어디에 있는가?"

아마 이 질문에는 잠시 머뭇거릴 것이다. 충주나 청주에 사는 사람이 아니라면 바로 답할 수 있는 문제가 아니다.

그렇다면 왜 이렇게 질문에 따라서 답하는 시간에 차이가 나는 걸까?

그것은 바로 우리 두뇌에 저장된 의미기억의 구조 때문이다.

의미기억에 저장된 정보의 양은 정말 엄청나다. 예를 들어 한국사를 공부할 때 후삼국은 태조 왕건에 의해 936년에 통일되었다든지 혹은 조선은 태조 이성계에 의해 1392년에 건국되었다든지 등의 지식이 바로 이 의미기억에 해당한다.

그렇다면 우리가 시험을 볼 때 이러한 의미기억을 어떻게 바로바로 찾을 수가 있을까? 만약 문제를 풀기 위해 그동안 공부한 모든 의미기억을 일일이 다 찾아야 한다면 정말 오랜 시간이 걸릴 것이다.

물론 평소에 열심히 공부했다면 어렵지 않게 답을 찾을 것이다. 왜냐하면 교재에 대한 의미기억이 두뇌 속에 체계적으로 잘 정리되었기 때문이다.

아주 쉬운 예로 도서관을 생각해보자. 도서관에 있는 책은 분야에 따라 체계적으로 잘 정리되어 있다. 따라서 우리는 원하는 도서를 쉽게 찾을 수가 있다. 의미기억이 우리 두뇌 속에 저장되는 방식 또한 이와 같다.

이처럼 우리의 두뇌는 도서관에서 책을 정리하는 것처럼 방대한 분량의 의미기억을 체계적으로 정리할 수가 있다. 이에 대해 인지심리학을 연구하는 과학자들은 두뇌가 의미기억을 정리하는 방식에 관해 오랫동안 연구를 해왔다.

실제로 미국의 저명한 심리학자인 앨런 콜린스(Allan Collins)와 로스 퀼리언(Ross Quillian)은 의미기억의 구조를 알아보기 위해 간단한 실험을 했다.

다음과 같은 질문에 대해 피험자가 답하는 데 걸리는 시간을 측정했다.

"새는 지저귀나요?"

"새는 숨을 쉬나요?"

첫 번째 질문에서는 피험자가 바로 대답했지만, 두 번째 질문에서는 잠시 머뭇거리는 경향이 있었다. 그 이유가 바로 두뇌 속 의미기억의 구조 때문이다.

이 질문에 답하는 과정에서 피험자는 자신의 두뇌 속 의미기억을 순간적으로 검색하게 된다. 새라는 생물체는 일반적으로 항상 지저귀고 있으므로 첫 번째 질문에는 바로 대답할 수 있다. 하지만 두 번째 질문에 답하기 위해서는 새라는 생물체의 상위개념인 '포유류'와 그보다 더 상위개념인 '동물'로까지 올라가야만 한다.

[의미기억의 구조]

우리에게 '숨을 쉰다'라

는 의미는 폐(lung)를 가진 생물체가 외부의 산소를 몸 안으로 들이마셨다가 그것을 이산화탄소로 바꾸어 다시 몸 밖으로 내뱉는 것을 뜻한다.

이처럼 두 번째 질문에 답하기 위해서는 의미기억의 도서관에서 몇 단계 위로 올라가는 정보의 검색 과정이 필요하다. 따라서 피험자는 두 번째 질문에 바로 답을 하지 못했다.

이 실험 결과를 통해 콜린스와 퀄리언은 우리의 의미기억이 도서관과 같은 상하 계급적인 조직을 이루고 있다고 주장했다. 이처럼 의미기억은 두뇌 속에서 도서관과 같이 체계적인 방식으로 정리가 되어있음을 알 수 있다.

여러분은 이러한 지식을 공부에 적극적으로 활용해야만 한다. 즉 교재의 내용을 도서관에서 책을 분류하는 것처럼 체계적으로 정리하라는 것이다.

이해를 돕기 위해 예를 하나 들어보겠다.

도서관에서 근무하는 사서가 있다. 어느 날 이 사서는 도서관을 채울 도서 수백 권을 주문했다. 그런데 주문한 도서들이 종류와 관계없이 아무렇게나 묶여 있다고 해 보자. 아마도 분류를 하는 데 애를 먹을 것이다. 하지만 사전에 도서를 종류에 따라서 잘 분류해서 배송해 달라고 부탁한다면 나중의 분류작업이 아주 쉬울 것이다.

여러분이 목차를 주의해서 공부해야 하는 이유가 여기에 있다. 이것은 이전 장에서 설명한 작업기억의 작동 원리와도 관계가 있다. 작업기억은 우리 두뇌의 순간적인 메모장으로 입력되는 정보의 용량에는 분명한 한계가 있다.

따라서 교재의 내용을 잘 정리해서 작업기억에 입력해야만 장기기억인 의미기억 또한 잘 저장될 것이다. 이것은 소화력이 약한 사람에게 밥 대신 죽을 주는 것과도 같이 이치이다. 이와 같은 원리로 보통의 수험생은 소수의 집중력이 뛰어난 수험생과는 달리 교재의 내용을 의미기억으로 충분히 소화하지 못한다.

따라서 보통의 수험생은 교재의 내용을 죽처럼 소화하기 쉬운 형태로 작업기억에 입력해야만 한다. 그 방법이 바로 설계도식 공부법이다. 설계도식 공부법은 교재의 목차를 정리하면서 공부하기 때문에 작업기억과 의미기억 모두에 큰 도움을 줄 수 있다.

이처럼 설계도식 공부법은 공부한 내용을 도서관의 분류 시스템처럼 체계적으로 정리할 수 있는 매우 과학적인 공부 방법이다. 이러한 설계도식 공부법을 실천한다면 실제 시험에서 마치 한글 프로그램의 〈ctrl+F〉와도 같이 필요한 의미기억을 순식간에 찾아낼 수 있을 것이다.

**[한글 단축키 ctrl+F와도
같은 설계도식 공부법]**

이제 설계도식 공부법을 어떻게 공부에 적용하는지 설명하겠다.

아래의 행정법 내용으로 이 방법을 설명하겠다.

#행정법

1. 정의

행정법(行政法, administrative law)이란 행정조직, 작용 및 행정구제를 다루는 공법(公法)을 말한다.

2. 특징

행정법은 행정에 관한 조직, 작용 및 구제에 관한 여러 가지 개별법으로 구성되어 있지만, 공통의 지도원리를 가진 통일적인 법체계를 구성한다.

3. 법원(法源): 행정관습법

행정영역에서 국민(국민의 전부 또는 일부) 사이에 관행이 반복되고, 그 관행이 국민 일반의 법적 확신(정의감)을 얻어 법적 규범을 뜻하며 행정관습법 가운데 민중적 관습법의 사례는 공유수면의 이용 및 하천 용수 등에서 그 존재를 발견할 수 있는데, 판례는 일정한 시설의 고정설치에 의한 굴 채묘어업은 관행 어업권의 대상이 될 수 없다고 본다.

4. 일반원칙: 자기 구속의 원리

행정의 자기구속의법리 혹은 행정의 자기 구속의 원칙이란 재량행위에 있어서 그 재량의 행사에 관한 일정한 관행이 형성되어 있는 경우 행정청은 같은 사안에 대하여 이전에 제삼자에게 한 처분과 같은 처분을 상대방에게 하도록 스스로 구속당하는 원칙으로 뜻한다. 이 원칙은 주로 재량행위에서 재량통제 법리와 관련되는 것으로 기속행위에서는 원칙적으로 문제가 되지 않는다.

<출처: 위키백과>

왼편에는 교재를 오른편에는 연습장을 편다. 위의 내용을 교재라고 가정한다면, 교재에 큰 제목과 작은 제목들이 나오고 있다.

일단은 연습장에 '행정법'이라고 적는다. 그다음 작은 제목인 '1. 정의'라고 적는다. 다음에는 '1. 정의'에 해당하는 하위 설명을 읽는다. 읽으면서 중요하다고 생각하는 단어를 적는다.

행정조직, 작용, 행정구제, 공법

다음 작은 제목인 '2. 특징'을 적는다. 다음에는 그에 해당하는 하위 설명을 읽는다. 역시 중요하다고 생각하는 단어를 적는다.

행정법, 개별법, 공통 지도원리, 통일적 법체계

다음 작은 제목인 '3. 법원: 행정관습법'을 적는다. 다음에는 그에 해당하는 하위 설명을 읽는다. 중요하다고 생각하는 단어를 적는다.

행정영역, 관행, 법적 확신, 규범, 행정관습법, 판례

다음 작은 제목인 '4. 일반원칙: 자기구속의원리'를 적는다. 그에 해당하는 하위 설명을 읽는다. 중요하다고 생각하는 단어를 적는다.

자기구속의법리, 원칙, 재량, 관행, 재량, 제삼자, 기속행위

이런 식으로 '행정법'에 해당하는 교재의 내용을 정리하는 것이다. 여기서 여러분이 연습장에 적는 내용은 나중에 다시 볼 필요는 없다. 연습장은 요약 노트가 아니라 단지 여러분의 기억을 돕는 보조물에 불과하기 때문이다.

쉽게 말해서 연습장은 두뇌의 작업기억을 외부에 옮겨놓은 것으로 생각하면 된다. 위의 설명에서 저자는 각각의 작은 제목에 해당하는 설명을 읽을 때 여러분이 생각하는 중요한 단어를 적도록 했다.

이것은 문장에 나오는 단어 중에서 중요한 것만을 선별해서 읽어도 전체적인 의미를 해석하는 데 큰 무리가 없다는 원리에 따른 것이다. 또한 펜으로 교재의 제목이나 중요단어를 연습장에 적는 것은 뇌과학적으로도 매우 훌륭한 공부법이다.

〈손은 외부의 뇌다〉를 집필한 교토대학 명예교수이자 뇌과학자인 구보타 기소우(久保田競)박사는 공부할 때 손의 중요성을 특히 강조한다. 그의 설명에 따르면 우리가 공부할 때 손으로 교재의 내용을 적게 되면 두뇌에 많은 자극을 주어 기억 작업에 큰 도움을 준다고 한다. 특히 두뇌에서 지능과 운동중추를 관장하는 핵심 부위인 전두엽은 손을 움직이는 미세한 운동을 통해 활성화된다고 한다.

그런데 이 전두엽에는 의미기억을 만드는 첫 번째 관문인 작업기억이 있다. 따라서 제목과 중요단어를 적어보는 활동을 통해 두뇌의 작업기억이 교재의 내용을 의미기억으로 더 쉽게 저장할 수 있게 된다.

또한 이렇게 목차를 적어가면서 공부를 하는 것은 지식의 구조인 스키마(schema)를 만드는 데에도 매우 도움이 된다. 이미 설명했듯이 스키마는 새로운 정보를 이해하기 위해 사용하는 기존의 오래된 정보의 구조이다.

여러분은 맨 처음 교재를 공부할 때 생소한 문장을 이해하기 위해 기존의 스키마(공부기억)를 이용하게 된다. 이해가 가지 않는 문장에 여러분의 스키마를 적용하여 어떻게든 해석을 해 보는 것이다. 아래의 문장을 보라.

'행정법(行政法)이란 행정조직, 작용 및 행정구제를 다루는 공법(公法)을 말한다.'

행정법을 처음 배우는 수험생은 이 문장의 의미를 바로 이해할 수가 없을 것이다. 만약 이 수험생이 자신의 기존 스키마로 이 문장을 이해하려 한다면 다음과 같은 과정을 거칠 것이다(이해하기 쉽도록 조금은 과장스럽게 표현했다).

용어	스키마 적용	이해
행정법	- 행정: 주민센터 업무 - 법: 경찰	주민센터 업무도 경찰의 업무처럼 중요하다
행정조직	- 조직: 국가의 여러 조직	피라미드
작용	- 작용: 국민에게 영향	우리에게 영향을 줌
행정구제	- 구제: 피해를 도와줌	우리의 피해를 도와줌
다루는	- 다루는: 처리하다	처리하여 좋게 만들다
공법	- 공법: 국가의 법	국가의 법은 엄숙하다

이처럼 행정법 용어에 생소한 수험생은 일단 자신의 두뇌 안에 있는 기존의 공부기억(스키마)를 최대한 이용해야만 한다. 이렇게 조금씩 이해가 누적되면서 교재를 한 번 정독한다면 두 번째 정독할 때는 생소한 용어들이 좀 더 쉽게 다가올 것이다. 또한 교재를 반복하는 횟수가 늘어날수록 이해하지 못

하는 단어와 문장이 점점 줄어들게 될 것이다.

　이런 과정을 통해 기존의 생소한 단어와 문장이 수험생의 두뇌 속에 새로운 스키마로 자리를 잡게 된다. 이것은 스키마가 스키마를 끊임없이 생산하는 선순환 과정으로 볼 수가 있다. 이러한 스키마를 가장 빨리 만드는 방법이 바로 설계도식 공부법이다.

1%만 아는
동시통역식 영어공부법

9급 시험에서 합격의 당락을 좌우하는 과목이 바로 영어다. 한 번이라도 시험에 응시한 수험생은 잘 알겠지만, 최근의 영어 시험은 정말 어렵다. 이 영어 때문에 공부 기간이 길어지거나 공부를 포기하는 예도 많다.

그렇다면 어떻게 영어를 공부해야 할까? 아래의 문장을 해석해보라.

The influence of Jazz has been so pervasive that most popular music owes its stylistic roots to jazz.

<출처: 2021년 국가직 9급 영어 기출문제>

이 문장은 2가지 방식으로 해석할 수 있다.

1. 영어 문장을 한국어의 어순에 맞추어 해석
   = 전통적인 영어 해석법

2. 영어의 어순에 맞추어 한국어로 바로바로 해석
   = 직독직해법

여러분은 어떠한 방법으로 해석을 하고 있는가? 그동안 저자가 만나 본 여러 합격생은 대부분이 1의 방법으로 해석을 했다. 단지 시험 중에 시간이 없을 때는 2의 방법을 사용하기도 했다.

1의 방법은 그동안 우리가 학교에서 배웠던 해석법이다. 이것은 영어의 어순이 한국어와 다르므로 어쩔 수 없는 선택이다. 이 방법으로 문장을 매끄럽게 해석하기 위해서는 영어의 문장 구조인 5형식에 익숙해야만 한다. 그리고 이 문장을 5형식에 적용하기 위해서는 먼저 주어와 동사를 찾아야 한다.

위 문장에서는 앞부분의 주어가 'The influence of Jazz'이고 동사는 'has bee'이다. 접속사인 'that'를 기준으로 뒷부분의 주어는 'most popular music'이고 동사가 'owes'이다.

주어와 동사는 영어 문장을 구성하는 기둥에 해당한다. 이 문장에서 나머지 단어들은 이러한 주어와 동사에 좀 더 구체적인 뜻을 부여하는 역할을 한다. 이 문장을 1의 방법으로 해석하는 과정을 좀 더 자세히 살펴보자.

■ 영어 문장을 한국어의 어순에 맞추어 해석 = 전통적인 영어 해석법

1. 문장에서 주어와 동사를 찾는다.

   앞부분: 주어 'The influence of Jazz'와 동사 'has bee'

   뒷부분: 주어 'most popular music'와 동사 'owes'

2. 이제 나머지 부분들을 포함해서 앞부분과 뒷부분을 나눠서 각각 해석한다.

   The influence of Jazz has been so pervasive
   재즈의 영향력은 너무나 널리 퍼져 있다

   that most popular music owes its stylistic roots to jazz
   그래서 대부분의 유명한 음악은 재즈에 그 양식의 뿌리를 빚지고 있다

3. 이제는 앞의 문장과 뒤의 문장을 연결하여 전체적인 문장을 완성한다.

The influence of Jazz has been so pervasive that most popular music owes its stylistic roots to jazz.

재즈의 영향력은 너무나 널리 퍼져 있어서 대부분의 유명한 음악은 재즈에 그 양식의 뿌리를 빚지고 있다.

다음으로 영어의 어순에 맞추어 바로바로 해석하는 직독직해법를 설명하겠다.

■ 영어의 어순에 맞추어 한국어로 바로바로 해석
= 직독직해법

The influence of Jazz has been so pervasive that most popular music owes its stylistic roots to jazz.

재즈의 영향력은 / 너무나 널리 퍼져 있다 / 그래서 대부분의 유명한 음악은 / 빚지고 있다 / 그 양식의 뿌리를 / 재즈에 이러한 직독직해법은 읽는 순서대로 바로바로 해석하기 때문에 전통적인 해석법과는 달리 독해에 걸리는 시간을 많이 아낄 수가 있다.

그렇다면 문장의 길이가 좀 더 길어지면 어떨까? 아래의 다른 문장을 해석해보라.

'Globalization' boosted trade, encouraged productivity gains and lowered prices, but critics alleged that it exploited the low-paid, was indifferent to environmental concerns and subjected the Third World to a monopolistic form of capitalism.

<출처: 2021년 국가직 9급 영어 기출문제>

■ 영어 문장을 한국어의 어순에 맞추어 해석
= 전통적인 영어 해석법

'세계화'는 무역을 늘어나게 했고, 생산성의 향상을 촉진했으며 가격을 낮추었다. 하지만 비평가들은 세계화가 저임금 노동자를 착취했고 환경문제에 무관심했으며 제삼 세계 국가들을 자본주의의 독점적인 형태에 종속시켰다고 주장했다.

■ 영어의 어순에 맞추어 한국어로 바로바로 해석 = 직독직해법

세계화는 늘어나게 했다 무역을 / 촉진했다 생산성의 향상을 / 그리고 낮추었다 가격을
하지만 비평가들은 주장했다 / 그것이 착취했다 저임금 노동자를 / 무관심했다 환경문제에 / 종속시켰다 / 제삼 세계 국가들을 / 자본주의에

전통적인 방법으로는 먼저 주어와 동사를 찾아야 한다. 그런데 이 문장은 다음과 같이 여러 개의 주어와 동사로 이루어진 복합문임을 알 수 있다.

1. 'Globalization' boosted trade, encouraged productivity gains and lowered prices,
2. but critics alleged that it exploited the low-paid,
3. was indifferent to environmental concerns
4. and subjected the Third World to a monopolis-

tic form of capitalism.

이런 복합문을 매끄럽게 해석하기 위해서는 이전에 해석한 문장을 잠시 기억하고 있어야 한다. 하지만 앞에서 설명한 짧은 문장과 달리 이렇게 문장이 길어지면 뒷부분을 해석하는 과정에서 앞부분의 해석에 대한 기억을 까먹게 된다. 그 이유는 우리 두뇌의 작업기억에 저장할 수 있는 정보의 한계 때문이다.

이전에 설명했듯이 우리가 작업기억에 저장할 수 있는 정보의 수량은 5~7개가 한계다. 그나마 이렇게 저장된 정보 또한 다른 정보가 입력되거나 일정한 시간이 지나가면 사라지고 만다.

전통적인 해석법의 경우 1을 해석한 후 나머지 2~4를 해석하는 과정에서 조금 전에 해석한 1의 기억이 사라지게 된다. 더군다나 영어를 한국어의 어순에 맞추어 해석하는 과정에서 다른 문제 풀이에 필요한 시간이 낭비된다.

이렇듯 전통적인 해석법은 작업기억의 중요한 성질인 정보량과 시간제한 모두를 만족시킬 수가 없다.

마찬가지로 직독직해법도 문장이 길어짐에 따라 앞에서 해석한 내용을 잊어버리게 되어 전체적인 해석이 매끄럽지 못하게 된다. 이에 따라 앞에서 잊어버린 내용을 뒷부분과 연결하기 위해 다시 앞부분으로 돌아가게 되어 시간을 낭비하게 된다. 특히 영어 문장을 순서대로 해석하면서 이해가 가지 않으면 본능적으로 전통적인 해석으로 다시 돌아갈 수가 있다.

이러한 이유로 전통적인 해석법이나 직독직해법 모두 두뇌의 작업기억에는 전혀 맞지 않는 잘못된 공부법이라는 것을 잘 알 수가 있다.

전통적인 해석법과 직독직해를 할 때의 두뇌 속 경로를 그림으로 나타내면 오른쪽 페이지와 같다.

그림처럼 해석을 위해 거쳐야 하는 두뇌 속 경로가 굉장히 복잡함을 알 수가 있다.

물론 이 두 가지 방법으로 실제 시험에서 높은 점수를 얻는 수험생도 있다. 하지만 그렇게 하기 위해서는 정말 큰 노력이 필요하다.

현재 공시 영어 시험에서 고득점을 얻기 위한 일반적인 공

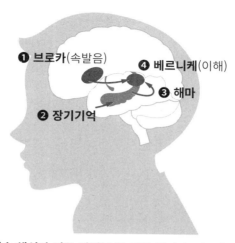

[역순 해석과 직독 직해를 할 때의 두뇌 속 경로]

부법은 이렇다.

1. 문법을 먼저 공부한다.
2. 단어를 따로 암기한다.
3. 생활영어 표현을 별도로 익힌다.
4. 독해 문제집을 여러 권 반복해서 풀어본다.

이렇게 현재 여러분이 알고 있는 영어 공부법은 공부에 필요한 분야를 따로따로 분리하고 있다. 이 때문에 공부해야 할 영어 교재가 너무 많은 것이다. 대다수 수험생이 영어를 어렵게 생각하는 이유가 여기에 있다.

공무원 시험은 시간과의 싸움이다. 공부 기간이 길어질수록 경제적으로나 정신적으로 더욱 힘들어진다. 따라서 이렇게 귀중한 시간을 아끼기 위해 되도록 공부해야 할 교재의 분량을 줄일 필요가 있다.

그렇다면 도대체 어떤 방법으로 영어를 공부해야 할까? 그 방법이 바로 동시통역식 영어 공부법이다.

사실 저자가 3년 동안 계속해서 공시에 실패한 원인이 바로 영어 때문이었다. 보는 시험마다 영어는 항상 과락을 면치 못했다. 그러다 우연히 알게 된 2배속 공부법을 영어 공부에도 적용해보았다. 이 과정에서 동시통역식 영어 공부법을 발견하게 된 것이다.

2배속 공부법은 기본적으로 교재를 낭독하면서 정독하는 것이다. 모든 과목을 이렇게 공부하면 된다. 저자 또한 맨 처음 2배속 공부법을 실천할 때 모든 과목을 이런 식으로 공부했었다. 그러다 우연히 영어 과목을 낭독하면서 매우 놀라운 사실을 발견하게 되었다.

당시 저자는 영어 기본서에 나오는 영어와 우리말을 모두 녹음하고 있었다. 그런데 영어 문장을 어색한 발음으로 읽은 후에 다시 우리말을 읽는 과정에서 영어 문장이 영어 그대로 이해되는 신기한 경험을 한 것이다. 즉 녹음한 내용을 여러 번 듣는 과정에서 자연스레 영어 문장에 익숙해졌다. 그리고 어느 순간부터 우리말 해석이 없이도 영어가 이해되기 시작했다. 이것은 마치 동시통역사가 영어를 우리말로 바로바로 통역하는 것처럼 느껴졌다.

동시통역이라는 것은 영어를 우리말로 옮기거나 반대로 우리말을 영어로 옮기는 작업이 아닌가? 그렇다면 영어에 대한 우리말을 먼저 읽어 본 후에 영어 문장을 읽으면 어떨까? 마치 동시통역을 하듯이 말이다. 왜냐하면 실제 시험에서는 영어 문장에 대한 우리말 해설이 전혀 없으므로 미리 다양한 문장에 대해 익숙해질 필요가 있다.

그 후 저자는 교재에 나오는 모든 영어 문장에 대해 우리말을 먼저 읽은 후 다시 영어 문장을 읽으면서 공부를 했다. 그 결과는 매우 놀라웠다. 지금까지 그렇게 힘들던 영어 해석이 이제는 영어 그대로 이해가 되기 시작한 것이다.

그렇다면 동시통역식으로 영어를 영어 그대로 이해할 때의 두뇌 속 경로는 어떻게 될까? 아래의 그림을 보라.

앞의 그림과 비교해서 경로가 매우 간단함을 알 수가 있다. 따라서 실제 문제 풀이에 걸리는 시간이 많이 단축된다.

이렇게 동시통역식으로 공부하면서 저자는 또 하나의 중요한 사실을 알게 되었다. 즉 영어 문장을 말하듯이 공부하면 굳이 문법, 단어, 독해를 따로 공부하지 않아도 된다는 것이다. 왜냐하면 동시통역식 영어공부법에는 단어, 문법, 생활영어, 독해가 모두 포함되어 있기 때문이다.

[단어, 문법, 생활영어, 독해] ⊂ 동시통역식 영어 공부법

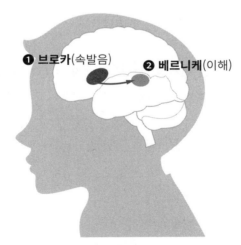

[동시통역식으로 공부할 때의 두뇌 속 경로]

제3장

실제 시험에서는 절대로 문법, 단어, 생활영어, 독해가 따로따로 출제되지 않는다. 이 모든 것을 하나로 묶어서 이해할 수 있는지를 평가하는 문제가 출제된다.

하지만 여러분은 어떻게 영어를 공부하고 있는가? 마치 문법, 단어, 생활영어, 독해가 따로따로 출제되는 것처럼 공부하고 있다. 이러니 실제 시험에서 고득점을 받을 수 없는 것이다.

공무원에 합격한 이후에도 저자는 여러 영어 실력자가 영어를 해석하는 방식을 분석하였다. 그 결과 이들에게는 한 가지 공통점이 있다는 걸 알아냈다. 이들은 저자가 공부했던 것과 똑같이 영어를 영어 그대로 이해하고 있었다.

이처럼 영어 문장을 읽으면서 우리말로 해석하는 과정 없이 즉시 이해할 수 있다면 실제 시험에서 문제를 푸는 속도가 정말 빨라질 것이다. 따라서 영어 과목에서 고득점을 원하는 수험생은 반드시 이와 같은 능력을 키워야만 한다. 그 방법이 바로 동시통역식 영어 공부법이다.

그렇다면 저자가 분석했던 영어 실력자는 어떻게 해서 이러한 능력을 갖추게 되었을까? 이들도 저자처럼 갑작스러운 깨달음을 얻었던 것일까?

그렇지는 않았다. 저자는 이들이 그러한 실력에 도달하게 되는 공통적인 과정을 발견했다. 저자가 만나본 영어 실력자 대부분이 처음에는 여러분처럼 기존의 전통적인 방식으로 공부를 시작했다고 한다.

다음은 이들이 전통적인 공부법에서 영어 실력자가 되기까지의 과정을 보여주고 있다.

1. 영어 문법을 먼저 공부한 후 단어와 숙어를 많이 암기한다.
2. 영어 문법에 기초하여 기존의 방식과 직독직해법을 섞어가면서 영어 독해를 많이 해 본다.
3. 실제 시험 시간에 맞추어 많은 문제를 풀어본다.
4. 고득점을 위해서 기존의 영어 해석 방법을 버리고 영어 문장을 읽으면서 바로바로 이해한다.

이처럼 영어 실력자는 실제 시험에서 고득점을 얻기 위해 필연적으로 동시통역식 영어를 해야 한다는 사실을 나중에야 깨닫고 있었다. 이들은 모두 하나같이 1~3까지의 시행착오 끝에 결국 4의 과정에 도달했다고 한다. 만일 이들이 애초에 1~3의 과정을 생략하고 처음부터 4의 과정을 시작했다면 어떠했을까? 왜냐하면 4의 과정에 1~3의 과정이 포함되어 있기 때문이다.

따라서 저자는 영어 실력이 모자란 수험생 대부분 또한 4의 과정에 있는 동시통역식 영어로 공부를 시작하면 어떨까 생각해본다. 즉 기존의 영어 실력자가 수많은 시행착오 끝에 깨닫게 되는 동시통역식 공부법을 아예 처음부터 시작하라는 것이다. 또한 다른 과목과 달리 오직 영어 문장을 이해할 수 있는 능력으로 점수가 결정되는 영어의 경우에는 차라리 처음부터 영어 독해 문제집으로 공부를 시작하는 게 어떨까 한다.

만약 영어 시험에 출제되는 모든 문장을 우리말 해석으로 바꾼다면 어떻게 될까? 아마도 초등학교 국어 시험 문제보다도 쉬울 것이다.

동시통역식 공부법으로 충분히 공부를 한다면 마치 영어 시험 문제가 우리말로 바뀐 것 같은 착각을 느끼게 된다. 왜냐하면 이 공부법에 익숙해지면 이미 영어 문장을 우리말처럼 쉽게 이해할 수 있게 되기 때문이다.

이제 여러분이 영어 독해 문제집을 공부한다는 가정하에 동시통역식 공부법을 설명하겠다.

#동시통역식 영어 공부법

1. 우리말 해석을 먼저 읽는다.

2. 방금 읽은 우리말을 영어로 말한다는 느낌으로 영어 문장을 읽는다.

3. 교재 한 권을 공부한 후에는 영어 문장만을 말하듯이 읽으면서 녹음한다.

4. 녹음한 내용을 2배속으로 듣는다. 들을 때에는 섀도잉하면서 듣는다.

    (섀도잉: 특정 외국어의 듣기와 말하기 실력을 향상하기 위해서 외국어를 들음과 동시에 따라 말하는 행위)

이제 실제 영어 문장을 통해서 이 방법을 실천해보자.

'Globalization' boosted trade, encouraged productivity gains and lowered prices. But critics alleged that it exploited the low-paid, was indifferent to environmental concerns and subjected the Third World to a monopolistic form of capitalism.

'세계화'는 무역을 늘어나게 했고, 생산성의 향상을 촉진했으며 가격을 낮추었다. 하지만 비평가들은 세계화가 저임금 노동자를 착취했고 환경문제에 무관심했으며 제삼 세계 국가들을 자본주의의 독점적인 형태에 종속시켰다고 주장했다.

먼저 첫 번째 영어 문장에 해당하는 우리말 해설을 천천히 읽는다. 읽을 때는 되도록 그 상황을 구체적으로 상상하면서 읽어라. 그래야 더 오래 기억이 된다.

'세계화'는 무역을 늘어나게 했고, 생산성의 향상을 촉진했으며 가격을 낮추었다.

방금 읽은 한글 문장을 '영어로 말한다면 어떻게 말해야 할까?"라는 느낌으로 영어 문장을 읽는다. 영어 문장은 마치 내가 원어민이 된 것처럼 실감이 나게 읽는다.

'Globalization' boosted trade, encouraged productivity gains and lowered prices.
: '글로벌리재이션' 부스티드 트레이드, 인커리쥐드 프라덕티비티 개인즈 앤 로우워드 프라이시즈.

이제 두 번째 영어 문장에 해당하는 우리말 해설을 읽는다. 문장이 조금 길다. 서두르지 말고 천천히 읽는다.

하지만 비평가들은 세계화가 저임금 노동자를 착취했고 환경문제에 무관심했으며 제삼 세계 국가들을 자본주의의 독점적인 형태에 종속시켰다고 주장했다.

역시 방금 읽은 한글 문장을 '영어로 말한다면 어떻게 말해야 할까?'라는 느낌으로 영어 문장을 읽는다. 영어 문장은 마치 내가 원어민이 된 것처럼 실감이 나게 읽는다.

But critics alleged that it exploited the low-paid, was indifferent to environmental concerns and subjected the Third World to a monopolistic form of capitalism.

: 벗 크리틱스 얼레쥐드 뎃 잇 익스플로이티드 더 로우-패이드, 워즈 인디프런트 투 인바이론멘탈 컨선즈 앤 서브젝티드 더 써얼드 월드 투 어 모노폴리스틱 폼 오브 캐피탈리즘.

이제 마지막으로 우리말 해설을 보지 말고 영어 문장만을 마치 내가 원어민이 된 것처럼 영어로 말하듯이 읽는다. 내 앞의 누군가에게 영어로 말한다고 생각하면 실력이 더욱 빨리 늘게 된다.

'Globalization' boosted trade, encouraged productivity gains and lowered prices.

: '글로벌리재이션' 부스티드 트레이드, 인커리쥐드 프라덕티비티 개인즈 앤 로우워드 프라이시즈.

But critics alleged that it exploited the low-paid, was indifferent to environmental concerns and subjected the Third World to a monopolistic form of capitalism.

: 벗 크리틱스 얼레쥐드 뎃 잇 익스플로이티드 더 로우-패이드, 워즈 인디프런트 투 인바이론멘탈 컨선즈 앤 서브젝티드 더 써얼드 월드 투 어 모노폴리스틱 폼 오브 캐피탈리즘.

이런 방식으로 교재 한 권을 공부한 후에는 이제 우리말 해설을 보지 말고 영어 문장만을 말하듯이 읽으면서 전부 녹음한다.

책 전체의 녹음이 끝난 후에는 녹음한 내용을 2배속으로 듣는다. 들을 때에는 입으로 말하듯이 섀도잉을 하면서 듣는다.

다시 한번 강조하지만, 저자의 동시통역식 공부법은 수많은 영어 고득점자의 공부법을 분석한 최종 결과물이다. 동시통역식 공부법에는 지금 여러분이 따로따로 공부하고 있는 문법, 단어, 생활영어, 독해가 모두 다 포함되어 있다. 그래서 그 효과가 매우 강력하다.

6개월 안에 공무원이 되는 공부법 5단계

1단계: 녹음하면서 정독하라 | 2단계: 정독하면서 들어라 | 3단계: 2배속으로 5번만 속독하라 | 4단계: 요약하여 녹음한 후 (2배속으로) 다시 들어라 | 5단계: 설계도식 공부법으로 마무리하라

저자를 믿고 여기까지 읽어 준
여러분께 정말 감사를 드린다.

이제 본격적으로 2배속 공부법으로
어떻게 공부를 하면 되는지를 단계별로 설명하겠다.

저자의 경험에 맞추어 일단 5단계로 정했다.
6개월 안에 합격하기 위해
이 5단계 과정을 꼭 순서대로 진행하라.
만약 녹음하는 것조차 귀찮은 수험생은
제5단계인 '설계도식 공부법'만이라도
꼭 실천하도록 하라.

1단계:
녹음하면서 정독하라

먼저 스마트폰을 준비한다. 이제 공부하고 싶은 과목부터 녹음을 시작하자.

녹음할 때의 유의 사항은 다음과 같다.

1. 나중에 다시 듣는 것을 생각해서 발음을 정확히 한다.

2. 녹음하면서 정독까지 동시에 하는 것이다.

3. 이해되지 않는다고 해서 녹음을 중간에 멈추어서는 안 된다.

4. 최대한 연기자처럼 감정을 살려서 녹음한다. 편도체가 많이 자극될수록 장기기억을 많이 저장할 수 있다.

5. 집중하기를 원한다면 펜으로 문장을 가리키면서 녹음한다.

6. 50분을 녹음하고 10분을 휴식한다. 녹음을 '잠시 멈춤'으로 해놓는다.

7. 다시 녹음할 때는 '편집' 기능을 활용하여 이전에 녹음한 것과 합친다.

제3장의 '3. 게임 중독의 원리~'에서 설명했듯이 스마트폰은 집중력이 부족한 수험생에게 공부를 습관화시킬 수 있는 최고의 도구이다. 지금까지 여러분의 공부를 방해했던 스마트폰을 오히려 역으로 이용하는 것이다.

물론 저자에게 이렇게 따져 묻는 수험생도 있을 수 있다.

"이 많은 내용을 어떻게 다 녹음합니까?"

이에 대해 저자는 이렇게 묻고 싶다.

"이성 친구와는 몇 시간씩 통화할 수 있지 않나요? 이건 여러분의 인생이 달린 녹음입니다."

가끔 공무원 시험을 보기 원하는 후배들에게 2배속 공부법을 알려줄 때 가장 많이 듣는 질문이다.

조금만 다르게 생각해보라. 우리는 하루 중 깨어 있는 시간 동안 끊임없이 누군가와 대화를 한다(심지어 혼자서도 할 수가 있다). 그

시간 중 일부만을 공부에 활용하는 것이다. 즉 여러분의 분신인 스마트폰과 대화를 하는 것이다. 이 얼마나 단순한 공부법인가?

2단계:
정독하면서 들어라

　많은 과목을 녹음하느라 정말 고생이 많았다. 이제 즐기면서 듣는 일만 남았다.

　들을 때의 유의 사항은 다음과 같다.

1. 귀로 들으면서 눈은 해당하는 문장을 본다. 귀로 들리는 문장을 입으로 따라 한다(실제로 소리는 내지 말고 입의 모양만 따라서 한다).

2. 좀 더 집중하기를 원한다면 펜으로 문장을 가리키면서 듣는다. 이와 동시에 교재에 보이는 문장을 내 손으로 직접 쓰고 있다고 상상한다.

3. 본인이 생각하기에 중요하다고 생각하는 단어와 문장에 밑줄을 긋는다.

4. 50분을 듣고 10분을 휴식한다. 녹음기는 '잠시 멈춤'으로 해

놓는다.

유의 사항 2번에 대해서 자세히 설명하겠다.

정독하면서 듣는 과정에서 눈으로는 이에 해당하는 문장을 보고 있다. 이때 나의 눈에 들어오는 문장을 손으로 빠르게 쓰고 있다고 상상하는 것이다. 이유는 여러분의 두뇌에 최대한 많은 자극을 주기 위해서이다.

이에 대해서는 '제3장. 4. 설계도식 공부법'을 설명할 때 '손은 외부의 뇌다'라는 말을 통해서 자세히 설명했다. 이 책

[교재의 내용을 손으로 빠르게 쓰고 있다고 상상하라!]

을 쓴 뇌과학자 구보타 기소우 박사에 따르면 손을 자극하게 되면 두뇌의 전두엽에 많은 자극을 줄 수 있다고 한다.

그림처럼 교재의 내용을 귀로 들으면서 입으로는 문장을 속발음으로 따라 한다. 그와 동시에 손에 든 펜으로 문장을 가리키면서 그 문장을 내 손으로 직접 쓰고 있다고 상상하는 것이다. 이렇게 되면 손에 들고 있는 펜이 교재와 나의 두뇌 사이에서 마치 정보의 직접적인 중계소와 같은 역할을 하게 된다.

제4장

3단계:
2배속으로 5번만 속독하라

이제부터 설명하는 3단계는 2배속 공부법 5단계 중 가장 중요하면서도 재미가 솔솔 붙는 단계이다. 그야말로 2배속 공부법의 백미(白眉)라고 할 수 있겠다.

먼저 이 공식을 다시 한번 떠올려보자.

$$M = r \times c / b$$

M	r	c	b
Memory	Repeat	Concentration	Book
장기기억	교재반복횟수	집중력	교재 내용

이전의 설명처럼 다수의 수험생은 합격생보다 이 공식에서 가장 중요한 하루 동안의 집중력 c(concentration)가 매우 부족하다. 따라서 교재의 내용인 b(book)의 값 10을 장기기억

인 M(Memory)의 최댓값인 10으로 모두 바꾸기 위해서는 반복 r(repeat)을 더 많이 해야만 한다.

하지만 집중력을 꾸준히 유지하는 힘인 의지력 또한 많이 부족하므로 반강제적으로 집중력을 높여야만 한다. 그 방법이 바로 2배속 공부법의 3단계인 2배속으로 5번 듣기다.

사실 이렇게 교재를 속독하게 되면 집중력과 관련된 호르몬인 도파민이 2배 이상으로 분비가 된다. 그 이유는 여러분의 작업기억과 관계가 있다.

이전에 설명했듯이 속발음의 속도가 빠르면 작업기억에서 정보를 처리하는 속도도 빨라진다. 쉽게 말해서 속발음이 2배로 빨라지면 작업기억의 처리 속도도 2배로 빨라지는 것이다.

바로 이때 우리의 작업기억이 위치한 전두엽에서는 독서에 대해서 재미를 느끼게 된다. 그런데 이러한 감정을 느끼게 만드는 호르몬이 바로 도파민이다.

이렇게 우리의 두뇌 전두엽이 독서에 대해 재미를 느끼게 되면 더 많은 도파민을 요구하게 된다. 그 결과 전두엽과 연결된 복측피개부(VTA)에서 더 많은 도파민을 분비하게 되는 것이다.

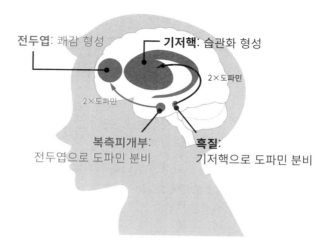

독서 능력은 이해력과 속도에 의해 결정이 된다. 이러한 능력은 타고나는 것으로 기존의 공부법으로는 쉽게 키울 수가 없다. 하지만 2배속 공부법은 가능하다. 2배속 공부법의 기본이 바로 낭독과 속독이기 때문이다. 낭독을 통해서 독서의 이해력을 2배로 키우고, 2배속 듣기를 통해서 독서의 속도 또한 2배로 키울 수가 있다.

따라서 공무원 합격을 위한 장기기억의 공식이 'M = r×c/b'에서 'M = 4×rc/b'으로 바뀌게 되는 것이다.

제3단계는 바로 이 합격의 공식을 낭독과 함께 4배로 증가

시키기 위한 중요한 과정이다.

유의 사항은 2단계와 같다.

1. 귀로 들으면서 눈은 해당하는 문장을 본다. 귀로 들리는 문장을 입으로 따라 한다(실제로 소리는 내지 말고 입의 모양만 따라서 한다).

2. 좀 더 집중하기를 원한다면 펜으로 문장을 가리키면서 듣는다. 이와 동시에 교재에 보이는 문장을 내 손으로 직접 쓰고 있다고 상상한다.

3. 50분을 듣고 10분을 휴식한다. 녹음기는 '잠시 멈춤'으로 해놓는다.

4단계:
요약하여 녹음한 후 _(2배속으로) 다시 들어라

4단계까지 온 여러분께 축하를 드린다. 이제 여러분은 당당한 1%의 합격 예약자이다.

이번 단계는 2배속 공부법의 5단계 중 가장 부담 없이 재밌게 즐길 수 있는 단계이다.

이제 요약하여 녹음하는 방법을 간단히 말하겠다.

앞의 2단계에서는 여러분이 중요하다고 생각하는 문장이나 단어에 밑줄을 그으라고 했다. 이제 그 밑줄 친 부분을 요약해서 다시 녹음하는 것이다.

그렇다면 이 4단계의 필요성은 무엇일까?

이에 대해 '제2장의 작업기억과 제3장의 설계도식 공부법' 에서 관련된 내용을 자세히 설명했었다.

제2장에서는 여러분과 합격생의 차이를 만드는 능력 중의 하나로 공부한 내용을 '요약하는 능력'을 말했다. 요약이라는 것은 심리학의 '인지 경제성'과 '범주화'와도 관련이 있다고 했다.

제3장에서는 두뇌의 작업기억이 정보의 과부하에 취약하므로 공부한 내용을 잘 정리해서 입력할 필요가 있다고 했다.

이처럼 요약하여 녹음하는 과정은 그동안 공부한 내용을 잘 정리하기 위해서이다. 또한 요약하여 녹음한 내용을 다시 듣는 과정에서 1~3단계까지 공부한 내용을 쉽게 연상할 수가 있다.

4단계의 유의 사항은 다음과 같다.

1. 2단계에서 밑줄을 그은 내용 위주로 녹음한다(혹시 더 녹음하고 싶은 내용을 더 해도 무방하다).

2. 녹음한 내용을 수시로 귀로 들으면서 입으로 속발음을 한다. 이와 동시에 펜으로 문장을 가리키면서 듣는다.

3. 내용이 어느 정도 익숙해지면 2배속으로 다시 들어본다.

요약 녹음한 내용을 2배속으로 다시 들으면, 교재의 전체적인 내용을 빠르게 정리할 수가 있다.

여러분이 이 4단계까지 마친다면, 저자의 2배속 공부법에 대해서 완전한 신뢰를 가지게 될 것이다.

5단계:
설계도식 공부법으로 마무리하라

이제 대망의 마지막 5단계다.

여러분이 지금까지 공부한 내용을 체계적으로 정리하면서 마무리하는 단계이다.

사실 4단계까지 충실히 따라온 독자라면 굳이 설명하지 않아도 어떻게 공부를 마무리해야 할지를 스스로 알 수 있을 것이다.

설계도식 공부법에 대해서는 제3장에서 자세히 설명했다. 다시 한번 정리하겠다.

설계도식 공부법은 교재의 목차에 집중하면서 내용을 정리하는 것이다. 목차는 교재의 핵심 내용을 체계적으로 정리한 설계도와 같다. 따라서 이 목차를 잘 정리하게 되면 교재에 대한 의미기억 또한 체계적으로 저장할 수 있게 된다.

  이제 유의 사항을 설명하겠다.

  1. 왼쪽에는 교재를, 오른쪽에는 연습장을 놓는다(위치가 달라도 관계는 없다).
  2. 교재에 나오는 큰 목차와 작은 목차를 연습장에 적는다. 그리고 작은 목차 하단에 나오는 내용 중 중요하다고 생각하는 단어나 문장을 적는다.

  지금까지 저자로부터 2배속 공부법을 배운 수험생은 이 5단계를 할 때 매우 특이한 경험을 하였다. 마치 교재에 있는 모든 내용이 한글 프로그램의 〈Ctrl+F〉을 통해서 순식간에 찾아지는 듯한 느낌을 받는다는 것이다.

  이는 매우 당연하다고 볼 수 있다. 1~4단계에서 교재의 전체적인 내용에 익숙해진 상태에서, 마지막 5단계를 통해 다시 한번 더 체계적이고 자세한 정리를 할 수 있기 때문이다.

  5단계까지 마쳤다면 마지막으로 기출문제와 모의고사를 통해 여러분의 실력을 확인하라. 분명히 합격에 대한 자신감을 느끼게 될 것이다.

정확히
6개월이면
반드시
합격한다

무의식이
합격을 결정한다

　지난 2016년 3월, 당시 천재 바둑기사 이세돌과 인공지능 알파고(AlphaGo)와의 바둑 대결에 전 세계의 이목이 쏠렸다. 결과는 모두의 예상을 깨고 알파고의 4승 1패 압승! 워낙 변수가 많기에 바둑만큼은 인공지능이 인간을 이길 수 없을 것이라는 모두의 예상이 깨지는 순간이었다.

　당시 전 세계 언론에서는 알파고가 승리한 이유에 대해 다양한 분석 기사를 쏟아냈다. 이에 대해 뇌과학을 공부한 저자는 인간이 가진 작업기억 용량의 한계 때문에 패배했다고 생각한다.

　앞에서 설명했듯이 작업기억의 용량은 최대 7개까지이다. 이에 반해 이세돌과 대결한 알파고의 작업기억은 거의 무한

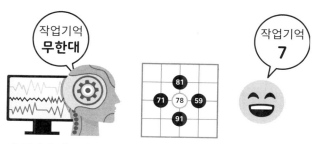

[**인간과 비교해 무한대에 가까운 작업기억을 가진 알파고**]

대에 가까웠다. 왜냐하면 알파고는 인간과의 모든 대국에서 승리에 필요한 정보를 바로바로 검색할 수 있었기 때문이다. 이러한 정보를 잘 활용하여 실제 인간과의 대결에서 승리할 수 있었다.

이런 놀라운 능력을 갖춘 알파고였지만 총 5번의 대국 중 제4국에서 뜻밖의 패배를 당한다. 전문가들이 신의 한 수라고 평했던 '78수'에 크게 당황하며 180수 만에 이세돌에게 패배한 것이다.

그렇다면 알파고에 유일한 1패를 안긴 이세돌의 승리 요인은 무엇이었을까?

그것은 순간적인 감(感)으로 알파고의 허를 찌르는 수를 던졌기 때문이다. 아무리 알파고가 뛰어나다 해도 어쨌든 인간이 만든 컴퓨터에 불과하다. 바둑의 변수가 거의 무한대이다 보니 기존에 없던 수(手)가 있을 수밖에 없다. 당시 이세돌의 78수는 알파고의 검색 리스트에는 없던 수(手)였다. 즉 인간이 가진 무의식적인 감각이 알파고의 허를 찌른 것이다.

갑자기 알파고의 대국에 대해서 말한 이유는 무의식의 중요성을 강조하기 위해서이다.

바둑에는 수마다 제한 시간이 있다. 공무원 시험 또한 문제마다 제한 시간이 있다. 이 제한 시간 때문에 모든 문제에 대해서 여유를 부릴 수 있는 시간 자체가 없다.

9급 시험 5과목의 제한 시간은 총 100분이다. 이론상 1문제당 1분이 주어진다. 하지만 어려운 문제와 답안 표시 시간까지 고려한다면 1문제당 30초를 넘기면 합격하기가 어렵다. 이쯤 되면 거의 모든 문제를 무의식적인 감(感)만으로 찍어야 한다는 계산이 나온다.

그동안 만나 본 거의 모든 합격생이 실제 시험에서 이러한 무의식적인 감으로 문제를 풀었다고 하나같이 말하고 있다. 물론 이렇게 문제를 풀면 정확도가 떨어질 수도 있겠다. 그런데도 어쨌든 소수의 수험생은 합격하고 있다. 즉 이들은 실제 시험 문제 풀이에서 정확성과 속도 모두를 만족시키고 있다.

하지만 보통은 수험생은 뭔가 불안할 수도 있겠다. 이런 빠른 무의식만으로 과연 정확한 정답을 찾아낼 수가 있을까?

있다. 그 원리가 바로 여러분의 두뇌 속에 숨어 있다.

제3장 '3. 게임중독의 원리, 2배속 공부법'에서는 습관화의 원리를 설명하면서 두뇌의 기저핵(basal ganglia)에 관해 설명했다. 기저핵은 두뇌의 모든 감각피질로부터 받은 자극을 운동피질로 보내는데 이것이 반복되면 습관이 된다.

바로 이 기저핵이 시험 문제를 풀 때도 작동하게 된다. 다음 페이지의 그림을 보라.

그림처럼 충분한 시간을 가지고 문제를 풀 때는 판단과 결정을 하는 부위인 전두엽이 관여한다. 하지만 시간이 부족할 때는 기저핵이 관여하는 것이다.

잘 알고 있듯이 문제를 풀기 위해서는 그동안 공부한 장기기억을 측두엽에서 전두엽의 작업기억으로 꺼내와야 한다.

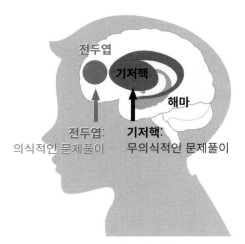

[무의식적인 문제 풀이는 기저핵이 담당한다]

이 일은 해마가 담당한다.

그런데 그림에서 보듯이 해마에서 전두엽으로 가는 경로보다는 기저핵으로 가는 경로가 훨씬 짧다. 사실 모든 시험 문제에 대해 기저핵이 아닌 전두엽 경로를 사용한다면 시간이 너무 많이 소요될 것이다. 따라서 여러분의 두뇌는 시간을 아끼기 위해 본능적으로 기저핵을 사용하는 것이다.

하지만 뭔가 또 불안하다. 상식적으로 생각해봐도 정확한 정답을 찾기 위해서는 전두엽의 도움이 필요하지 않겠는가?

그렇다면 기저핵은 어떻게 해서 문제의 정답을 찾는 것일까?

아래의 그림을 보라.

그림에서는 기저핵 주변에 해마와 편도체가 가까이 있는 것을 확인할 수가 있다. 편도체는 우리의 감정을 만드는 부위이다. 그리고 해마는 장기기억의 중계소이다. 그런데 해마와 아주 가깝게 붙어 있는 2개의 또 다른 부위가 보인다. 이 부위의 이름은 각각 후각주위피질(perirhinal cortex)과 해마방회(parahippocampal cortex)이다.

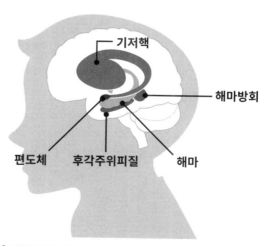

[시험 문제 풀이와 관련된 두뇌 속 영역]

후각주위피질은 현재 보는 정보가 나에게 친숙한지를 신호하는 부위이다. 해마방회는 그 정보가 전에 본 적이 있는지 없는지를 신호하는 부위이다.

그림에서 후각주위피질이 편도체와 가까이 있는 것을 알 수 있다. 따라서 후각주위피질은 편도체에서 받은 무의식적인 느낌을 좀 더 친숙한 느낌으로 바꾸는 것이다. 그리고 해마방회는 후각주위피질이 보내는 친숙함이 내가 가진 장기기억의 정보에 따른 것인지를 판단하는 부위이다(물론 최종판단은 다시 전두엽으로 보내져서 이루어진다).

문제에 대한 느낌의 구체성: 편도체 < 후각주위피질 < 해마방회

이렇게 해마와 가까이 위치한 편도체, 후각주위피질, 해마방회를 통해서 처리된 문제에 대한 신호는 다시 기저핵을 통해 우리의 행동으로 나타나게 된다.

이를 문제 풀이에 적용하여 다시 설명해보겠다.

시험 문제의 문장을 읽을 때의 느낌이 편도체와 후각주위피질을 통해서 처리된다. 그 후 해마방회를 통해서 그 느낌이 구체화한다. 마지막으로 기저핵을 통해서 문제의 정답을 무

의식적으로 고르게 된다. 이것이 바로 여러분이 무의식적으로 빠르게 문제를 풀기까지의 과정이다.

실제로 이러한 무의식적인 문제 풀이 과정에 기저핵이 관여한다는 연구 결과가 있다. 지난 1999년에서 2001년 사이 뇌과학자인 폴드락(Poldrack)을 포함한 여러 명의 연구자가 MRI 스캐너를 통해 이러한 기저핵의 활동을 실험으로 증명한 것이다.

실험에서는 참가자에게 포커와 비슷한 모양의 여러 가지 카드를 활용해 날씨를 예측하도록 했다. 각 카드는 MRI 스캐너에 누워 있는 참가자의 눈앞에 있는 스크린을 통해 제시했다. 매번 다르게 제시되는 카드에는 특별한 패턴이 있어 이를 통해 날씨를 예측할 수가 있다. 특히 카드가 제시되고 날씨를 예측할 때까지의 제한 시간이 너무나 짧아 충분히 생각할 여유가 없다.

참가자는 여러 번 실수를 하면서 카드의 패턴이 특정한 날씨를 나타낸다는 것을 학습하게 된다. 이후에는 카드의 패턴에 습관화가 되어 거의 틀리지 않고 날씨를 예측하게 된다. 이때 참가자의 두뇌 MRI를 분석한 결과 그들의 기저핵이 활동한다는 것을 확인할 수 있었다.

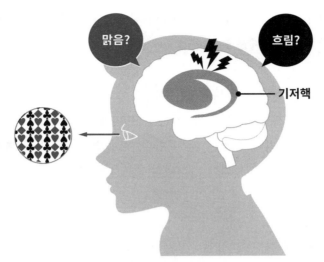

[카드의 패턴을 통한 날씨 예측 과제 실험]

사실 이 실험에서 카드에 사용한 패턴(pattern)은 여러분의 공부와도 깊은 관련이 있다.

여러분이 교재를 공부하고 시험 문제를 푸는 과정에서 가장 중요한 것은 당연히 문장에 익숙해지는 것이다. 그런데 이 문장은 무엇으로 이루어져 있는가? 당연히 단어로 이루어져 있다.

처음 공부를 시작하는 수험생은 교재에 있는 모든 문장이 낯설게 느껴질 것이다. 하지만 시간이 지나면서 서서히 단어와 문장에 익숙해지는데, 이유는 문장을 이루고 있는 단어의 패턴에 익숙해지기 때문이다. 이러한 과정에 깊이 관여하는 것이 바로 습관화와 관련된 두뇌 부위인 기저핵이다.

여기서 중요한 질문을 하나 하겠다.

그렇다면 문장과 단어에 익숙해지기 위해서는 무엇이 필요할까?

$$C = u \times v$$

Concentration   understanding   velocity
집중력   독서 이해력   독서 속도

이전 장에서 말했던 집중력의 공식인 독서의 이해력과 속도가 필요하다.

당연한 말이지만 실제 시험에서는 속도가 없는 이해력도 이해력이 없이 속도만 있는 것, 모두 다 합격을 보장할 수가 없다. 이 두 가지가 모두 갖춰져야만 합격할 수가 있다.

안타깝게도 현재 여러분이 알고 있는 어떠한 공부법도 이를 만족시킬 수는 없다. 독서의 이해력과 속도는 절대로 단기간에 키울 수가 없기 때문이다.

하지만 이 두 가지 모두 단기간에 키우는 방법이 있다. 바로 2배속 공부법이다.

2배속 공부법은 낭독을 통해서 작업기억과 장기기억 모두를 효율적으로 작동하게 만든다. 따라서 단기간에 독서 이해력이 급성장하게 된다. 또한 2배속으로 듣는 과정에서 속발음의 속도도 빨라지므로 실제 시험에서의 무의식적인 문제풀이 능력까지 키울 수 있다.

이처럼 2배속 공부법은 무의식을 담당하는 여러분의 기저핵을 합격에 맞도록 최상의 상태로 만들어주게 된다.

사실 여러분이 알고 있는 것 이상으로 무의식은 문제 풀이에서 큰 힘을 발휘한다.

아마도 이런 경험이 하나쯤은 있을 것이다. 시험 문제를 풀고 난 후 정답과 맞춰보는 과정에서 나중에 고친 답이 아닌 먼저 선택한 답이 정답이었던 경험 말이다. 실제로 많은 합격생으로부터 이와 관련된 재미있는 사례를 들어볼 수 있었다.

이러한 무의식과 관련하여 심리학에서는 재미있는 실험을 자주 한다.

예를 들어 여러 그림 작품을 놔두고 참가자에게 좋아하는 것을 하나씩 집으로 가져가 벽에 걸도록 했다. 그런데 그림을 고르는 과정에서 생각할 시간을 두 그룹으로 나누어 각각 달리했다. 한 그룹은 그냥 깊이 생각하지 말고 순간적인 느낌으로 선택하도록 하였지만, 다른 그룹은 충분히 생각한 후에 선택할 수 있는 시간을 주었다.

몇 달이 지난 후 얼마나 많은 참가자가 처음에 가져갔던 그림을 아직도 자신의 집 거실 벽에 걸고 있는지를 확인했다. 그 결과 선택하는데 충분한 시간이 있었던 참가자보다 순간적으로 선택한 참가자가 월등한 숫자로 그림을 자신의 집 거실벽에 걸고 있었다.

사람들은 흔히 순간적인 무의식보다는 깊이 생각한 후에 하는 선택이 훨씬 좋은 결과를 가져올 것으로 생각한다. 하지만 이러한 실험 결과를 볼 때 우리의 생각하는 이성(理性)은 그리 훌륭하지는 않은 것 같다.

이에 대해 저명한 경제학자인 프랭크(Frank, R)는 다음과 같이 말했다.

"결과가 어떻게 될 것인지를 완전히 예측해서 의도적으로 수행하는 많은 행동은 비합리적이다. 사람들은 그런 행동은 아예 하지 않는 편이 나았을 것이라는 사실을 잘 알고 있다."

이처럼 무의식은 우리의 생각보다 올바른 결정을 하는 경우가 꽤 많다. 그 단적인 예가 바로 인공지능 알파고와의 대결에서 인류 최초의 승리를 한 이세돌 기사의 '신의 한 수'일 것이다.

따라서 여러분은 이러한 무의식의 힘을 실제 시험에서 최대한 활용할 필요가 있다.

하지만 수험생 대부분은 실제 시험에서 큰 힘을 발휘하는 이러한 무의식에 대해 전혀 아는 바가 없는 것 같다. 무의식보다는 철저하게 의식적인 이성 위주로만 공부하고 있으니 말이다.

구체적으로 말해서 대다수 수험생은 처음부터 교재를 너무 꼼꼼하게 공부하려고 한다. 마치 교재에 있는 모든 문장을 글자 하나 빠뜨리지 않고 전부 외워버리겠다는 무서운(?) 생각을 하는 듯하다. 이렇게 공부하는 습관이 잡혀있기 때문에 실제 시험에서는 시간이 너무나 부족한 것이다.

사실 여러분의 생각과 달리 우리의 두뇌는 우리가 깊이 생각하고 있다는 의식을 하기도 전에 이미 결정을 내려버린다. 시험으로 설명하자면 문제를 깊이 생각하기도 전에 무의식이 이미 답을 결정하게 된다.

이러한 인간의 무의식적인 결정과 관련된 유명한 실험이 있다.

1980년대에 미국의 심리학자인 벤자민 리벳(Benjamin Libet)은 인간의 행동이 스스로의 자유의지에 의해 일어나는지를 알아보기 위한 간단한 실험을 했다.

실험에서는 피험자의 두뇌에 뇌파를 측정할 수 있는 장치를 부착한 후 눈앞에는 2.56초 만에 한 바퀴를 도는 시계를 보여주었다. 그리고 피험자가 자신이 손가락을 움직이기로 한 시간을 시계를 보면서 기억하라고 지시했다. 이 과정에서 피험자의 뇌 활동을 뇌파로 측정하면서, 실제로 손가락을 움직인 시간을 센서를 통해 측정했다.

이 실험의 결과는 놀라웠다. 상식적으로는 피험자가 손가락을 움직이기로 생각한 다음에 뇌에서의 운동 명령에 따라서 실제로 손가락이 움직일 거라 생각된다. 하지만 실제의 결과는 피험자가 손가락을 움직이기로 결심한 순간보다 약 0.35초 이전에 이미 뇌에서의 운동 명령이 먼저 떨어진 것이다.

이것은 우리가 어떤 행동을 하기로 결심하기 이전에 두뇌에서는 이미 그 행동을 위한 명령을 먼저 내린다는 사실을 말해주고 있다. 즉 우리의 의식적인 결정 이전에 무의식적인 결정이 먼저 내려지는 것이다. 이 실험 결과는 실제 시험에서 좋은 결과를 얻기 위해서는 의식적인 생각보다는 무의식적인 느낌이 훨씬 중요하다는 것을 보여주고 있다.

아쉽게도 수험생 대부분은 공부 기간의 나중에 하게 되는 기출문제와 모의고사 풀이 과정을 통해서 이러한 사실을 깨닫게 된다. 그렇게 되면 실제 시험에 필요한 무의식적인 감각을 키울 수 있는 시간이 너무나 부족하게 된다.

따라서 시험에 합격하기 위해서는 처음부터 실제 시험 제한 시간에 맞추어 문장의 이해력과 속도를 모두 빠르게 할 수 있는 훈련을 할 필요가 있다. 그 방법이 바로 2배속 공부법이다.

중요단어 선별 읽기
공부법

중요단어 선별 읽기란?

한 문장을 모두 읽는 것이 아니라, 그 문장의 전체적인 뜻을 결정하는 중요한 단어만을 골라서 읽는 것을 말한다. 이 방법은 이미 여러분이 공시뿐만이 아닌 모든 종류의 실제 시험에서 무의식적인 본능에 따라 해온 것이다.

이런 상황을 가정해 보자.

만약 여러분이 실제로 시험을 보는데 제한 시간이 얼마 남지 않았다고 해 보자. 아직 풀지 못한 문제가 많은데 시간이 매우 부족하다. 어떻게 문제를 풀 것인가?

시간이 얼마나 없는데도 문제의 모든 문장을 다 읽을 것인가?

절대 그렇지 않을 것이다.

시험을 포기하지 않는 이상 거의 본능적 그리고 무의식적으로 문제에서 중요한 단어만을 골라서 읽을 것이다.

이때 여러분의 두뇌 속 뇌하수체에서는 신장의 부신에 자극을 가해 투쟁 호르몬인 아드레날린이 온몸의 혈액으로 뿜어져 나오게 만든다. 이 아드레날린은 다시 두뇌의 뇌간을 자극하여 아드레날린과 같지만, 두뇌 안에서만 작용하는 노르아드레날린을 분비해 전두엽을 흠뻑 적시게 될 것이다.

이렇게 2가지 호르몬이 우리의 몸과 두뇌에 분비되면 극도의 긴장감 속에서도 의식은 마치 시간이 천천히 가는 듯한 착각에 빠지게 된다. 이러한 상태에서 집중력은 최고조에 도달한다.

실제로 갑작스러운 사고를 당하게 되면 마치 시간이 느려진 듯한 착각이 들게 된다. 그리고 놀라운 집중력으로 훨씬 더 많은 세부 사항을 기억할 수 있게 된다. 중요단어 선별 읽기는 바로 이러한 원리를 이용한 것이다.

물론 이러한 의문을 가질 수도 있겠다. 즉 이런 식으로 단어를 골라서 읽게 되면 문장의 전체적인 의미를 이해할 수 없지 않겠느냐고?

좋은 지적이다.

하지만 실생활에서 우리가 보는 여러 문자를 잘 살펴본다면 이를 쉽게 이해할 수 있을 것이다. TV 뉴스나 광고 자막, 가게 간판, 도로 이정표 등등.

특히 TV나 인터넷 같은 각종 미디어 화면에서 사용하는 국어의 문장을 보면 한 가지 공통점이 있다. 바로 최대한 문장을 압축해서 요점만 전달하고 있다.

당장 TV에서 실시간으로 보도하는 각종 사건, 사고에 관한 화면 화단의 문자를 보라. 조사나 서술어의 사용을 최대한 자제하면서 주로 명사와 같은 짧은 단어를 통해 사실을 알리고 있다. 즉 국어 문장에서 시청자가 해당 뉴스의 의미를 이해할 수 있는 단어만을 선별해서 제시하는 것이다.

국어의 문법 구조로 따진다면 분명히 틀린 문장이라 할 수 있겠다. 그런데도 시청자는 이 짧은 자막만으로 해당 뉴스의 내용을 충분히 파악할 수 있다.

아래의 뉴스 자막을 보라.

'분류작업 거부 철회. 추석 택배 배송 정상화'

어떤가? 문장이 완전하지 않은데도 의미는 전달되지 않는가?

이 문장에서는 의미전달에 중요한 단어만을 골라서 제시하고 있다.

중요단어 선별 읽기는 바로 이러한 원리를 이용한 것이다. 즉 교재에 있는 문장을 모조리 꼼꼼하게 읽는 것이 아니라, 전체적인 의미를 결정하는 중요한 단어만을 골라서 읽는 것이다. 이렇게 중요한 단어만을 골라서 읽는 방법에 익숙해지면 교재를 읽고 이해하는 속도 또한 무척 빨라지게 된다.

이것은 일종의 속독법이라고 볼 수 있겠다. 중요단어 선별 읽기야말로 지금까지 효과가 검증되지 않는 수많은 속독법과는 차원이 다른 공시생만을 위한 최고의 속독법이라 할 수 있다.

이 방법은 또한 보통의 수험생이 공부에만 집중하도록 만들어 줄 것이다.

다른 장에서 강조했듯이 우리의 시각은 독서에 적합하지 않다. 우리의 눈은 1초에 약 4회 정도를 점프하듯이 움직이기 때문이다.

이것이 바로 집중력이 부족한 보통의 수험생이 공부를 즐기지 못하는 가장 큰 원인이다. 따라서 집중력이 부족한 수험생일수록 중요단어 선별 읽기를 실천해야만 한다.

자! 여러분이 시험을 보고 있는데 제한 시간이 얼마 안 남았다고 해 보자.

이 순간 여러분의 몸은 엄청난 양의 아드레날린으로 평소와는 비교할 수 없을 정도로 놀라운 집중력이 생길 것이다. 또한 한 문제라도 더 맞히기 위해서 본능적으로 중요단어 선별 읽기를 할 것이다.

따라서 평소에도 이렇게 시험 시간이 얼마 남지 않았다는 마음으로 중요 단어 선별 읽기를 하라는 것이다.

'연습은 실전처럼, 실전은 연습처럼'

이처럼 평소 실전과 같은 마음으로 중요 단어 선별 읽기를 한다면 실제 시험에서는 편안한 마음으로 충분히 실력을 발휘할 것이다.

토익(TOEIC) 700점!
3개월이면 충분하다

2017년부터 7급 시험의 영어 과목이 토익을 포함한 각종 영어 검정 시험 점수로 대체되었다.

토익의 경우 700점이 안 되는 수험생은 7급 시험에 응시조차 할 수 없게 되었다. 이렇게 영어 시험이 바뀐 2017년부터 7급의 경쟁률이 예전보다 거의 절반 가까이 떨어졌다.

'7급 공무원 경쟁률, 4년 새 반 토막 난 까닭'

<출처: 2019년 7월 31일 자, 한경 사회 기사>

그동안 7, 9급 공무원 시험에서 영어만큼 수험생을 괴롭힌 과목도 없을 것이다. 오죽하면 영어 때문에 공부를 포기하는 수험생이 많아 안타까울 따름이다. 저자 또한 여러분처럼 3

년 가까이 영어 때문에 고생했기에 여러분의 마음을 누구보다 더 잘 이해할 수가 있다.

따라서 영어 때문에 어려움을 겪는 수험생이 없도록, 모든 수험생이 쉽게 따라 할 수 있는 특별한 영어 공부법을 다시 한번 소개하겠다(제3장 5. 1%만 아는 동시통역식 영어공부법).

이번 장에서는 7급 수험생을 위한 토익 공부법을 소개한다.

그런데 이번 장은 9급 수험생에게도 무척 중요하다. 공무원 시험을 주관하는 인사혁신처에서 조만간 9급도 토익과 같은 영어 검정 시험을 준비하려 한다는 소식이 자주 들리기 때문이다. 미리 대비한다는 마음으로 집중하자.

토익은 듣기(Listening) 100문제, 읽기(Reading) 100문제로 되어 있다. 제한 시간은 듣기 45분, 읽기 75분이다.

이제 더도 말고 덜도 말고 정확히 3개월 안에 토익 700점을 넘기는 비법을 최초로 공개하겠다.

여러 번 강조했듯이, 저자는 모든 수험생이 따라 할 수 있는 세상에서 가장 간단한 공부법을 지향한다. 이전 장에서 설명한 동시통역식 공부법처럼 저자의 토익 공부법 또한 매우 간단명료하다.

최근에 9급에 합격한 수험생 중에는 원래 7급을 공부한 경우도 많다. 그런데 이들이 7급을 포기한 가장 큰 이유가 바로 토익 듣기 때문이었다. 대부분의 토익 고수에 따르면 듣기를 잘하려면 우선 읽기부터 잘해야 한다고 한다. 영어를 해석할 수 없다면 절대로 영어가 들리지 않기 때문이다.

그렇다면 읽기부터 제대로 공부하면 되지 않을까?

하지만 전통적인 영어 공부법에 익숙한 수험생에게는 이 읽기조차 넘기 힘든 장벽이 될 수 있다.

한 번이라도 토익을 본 수험생은 알겠지만, 토익의 읽기는 문장의 분량이나 난이도와 비교해 제한 시간이 극단적으로 짧다. 모든 문제를 단 한 번씩만 읽기에도 부족한 시간 안에 정답을 찾아야만 한다. 전통식의 역순 해석법으로 풀이를 했다간 절반도 못 보고 시험이 끝난다.

따라서 읽기에서 고득점을 하려면 영어를 읽는 즉시 바로바로 해석해야만 한다. 그렇게 하기 위해서는 영어를 영어 자체로 이해할 수 있어야 한다. 그 훈련 방법이 바로 다른 장에서 설명한 동시통역식 영어 공부법이다.

동시통역식 공부법은 대단히 간단하다. 우리말 해석을 먼저 읽은 후 그에 해당하는 영어 문장을 외국인에게 말한다는 느낌으로 읽기만 하면 된다. 이렇게 훈련하는 이유는 영어를 영어 그 자체로 이해하기 위해 잠시 우리말의 느낌을 빌리는 것이다.

우리는 모두 어릴 때부터 한국말을 사용했기에 한국말에 익숙하다. 이 익숙함이란 한국말을 듣거나 말할 때 그 의미를 두뇌 속에서 바로바로 이해할 수 있다는 것이다. 두뇌에서 언어의 의미를 이해하는 부위는 측두엽 위쪽에 있는 베르니케 영역(Wernicke's area)이다. 영어의 의미 또한 이 부위에서 이해가 된다. 그런데 영어의 경우 수험생의 실력에 따라 두뇌 속에서 거치는 경로가 다르다.

먼저 영어를 한국말로 번역을 해야 의미를 이해하는 수험생의 두뇌를 보자.

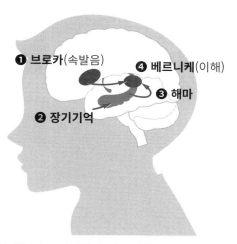

[영어를 한국어로 번역한 후에 이해할 때의 두뇌 경로]

그림처럼 시각 피질에 도착한 영어 문장이 속발음 담당하는 브로카 영역(Broca's area)을 통해 우리말로 바뀌게 된다. 그 후 베르니케를 통해 이해된다. 제1장에서 그림으로 설명한 '묵독이 장기기억이 되는 과정'처럼 경로가 복잡하다.

❶ 브로카: 속발음 ➡ ❷ 장기기억 ➡ ❸ 해마 ➡ ❹ 베르니케: 이해

다음으로 영어를 영어 그대로 이해하는 수험생의 두뇌를 보자.

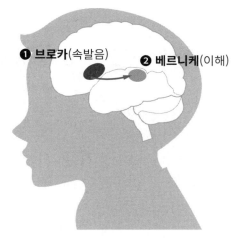

[영어를 영어 그대로 이해할 때의 두뇌 경로]

❶ 브로카: 속발음 ➡ ❷ 베르니케: 이해

어떤가? 앞의 그림과 달리 영어의 의미 이해가 베르니케 안에서 바로 이루어지고 있다.

이 둘 중 누가 더 토익 시험에 강할까? 당연히 후자이다.

영어를 한국말로 먼저 번역해야 하는 수험생은 시험 시간이 끝날 때까지도 많은 문제를 못 풀고 있을 것이다. 따라서 토익 읽기에서 고득점을 받기 위해서는 영어의 의미를 그대로 이해할 수 있는 동시통역식으로 공부를 해야만 한다.

사실 지금까지 저자가 만나 본 대부분의 토익 고수 또한 처음에는 여러분처럼 영어를 영어 그대로 이해할 수 없었다고 한다. 이들 또한 오랜 기간 전통적인 영어 공부에 길들었기 때문이다. 하지만 토익 시험을 여러 번 경험하는 과정에서 짧은 시간 안에 고득점을 하기 위해서는 영어를 영어 그대로 이해하는 능력이 필요하다는 것을 깨닫게 된다. 결국 그렇게 하기 위한 공부법이 동시통역식밖에 없다는 것을 늦게라도 깨닫는 것이다.

　　이들은 하나같이 이렇게 말한다. 동시통역식 공부를 처음부터 했더라면 좀 더 빨리 고득점에 도달했을 거라고. 따라서 토익 고득점을 위해 어차피 할 거라면 아예 처음부터 동시통역식으로 공부를 시작하라는 것이다.

　　물론 처음에는 동시통역식 공부가 조금 어색할 것이다. 하지만 여러분의 두뇌는 이러한 변화에 매우 빠르게 적응할 수가 있다. 다시 뇌과학적으로 설명해보겠다.

　　우리가 한국말을 바로바로 이해할 수 있는 까닭은 오랜 기간에 걸쳐 한국말의 모든 단어에 대해 일종의 이미지를 만들어두었기 때문이다. 뇌과학 연구에 따르면 우리의 두뇌는 언어를 기억할 때 글자가 아닌 이미지로 저장을 한다고 한다.

따라서 동시통역식 공부를 하는 이유는 영어 단어에 대한 이미지를 두뇌 속에 미리 만들어두기 위해서이다.

예를 들어 이런 영어 문장을 보라.

I am a student.

이 문장은 굳이 해석하지 않아도 영어 그대로 이해할 수가 있다. 여러분이 동시통역식 공부를 하게 되면 모든 영어 문장이 이렇게 되는 때가 반드시 오게 된다(장담하건대 최소 3개월 안에 반드시 온다).

이는 저자뿐만이 아니라 모든 토익 고수가 증명하고 있다. 참고로 공무원은 토익과 같은 영어 검정 시험 점수가 일정 기준 이상일 경우 '공무원 근무 성적 평정'에서 가산점을 받게 된다. 저자의 토익 점수는 꾸준히 700점을 넘고 있어서 평가 점수에서 많은 도움을 받고 있다.

토익 읽기에 대해 정리하겠다. 토익 읽기는 '제3장 5. 1%만 아는 동시통역식 영어공부법'을 참고하라.

이제 토익의 듣기에 대해 설명하겠다.

사실 방금 설명한 동시통역식 공부법으로 토익의 읽기를 충분히 공부한다면 토익의 듣기 또한 충분히 고득점을 받을 수 있다.

다만 토익의 읽기와 달리 듣기는 시각적인 글자 없이 오직 귀로만 듣고 이해를 해야 하기에 처음에는 공부하기가 조금 어려울 것이다. 따라서 토익 듣기를 처음 공부하는 수험생은 들리는 소리를 먼저 머릿속에서 철자로 생각하라.(다시 강조하지만, 토익은 읽기를 동시통역식으로 충분히 공부한 다음에 시작하라).

이것은 일종의 받아쓰기라고 보면 된다.

사실 거의 모든 영어 고수는 반드시 받아쓰기를 했다고 한다. 아직은 영어의 발음과 철자가 잘 매칭이 안 되기 때문에 이런 훈련을 하는 것이다.

하지만 여러분은 받아쓰기를 할 필요는 없다. 여러분은 토익 700점만 넘기면 되기 때문이다. 따라서 토익 듣기는 들리는 영어 소리를 머릿속에서 철자로 생각하는 연습만 하면 된다.

토익 700점을 위한 듣기 훈련법을 간단히 정리하겠다.

1. 한 회분의 토익 듣기 문제를 실제 시험을 본다는 각오로 푼다.

2. 채점해 본다.

3. 다 푼 문제를 다시 처음부터 듣는다. 이때 듣고 있는 영어 문장을 머릿속에서 영어 철자로 바꾸어서 이해하려고 노력한다.

4. 다 끝났다면 해설집에 나오는 영어 문장을 보면서 토익의 읽기에서 한 것처럼 모든 영어 문장을 한국어 해석을 보면서 동시통역식으로 말하면서 공부한다.

5. 이렇게 공부한 듣기 부분을 다시 첫 문제부터 끝까지 듣는다.

이런 방식으로 토익의 읽기와 듣기를 3개월만 공부한다면 누구나 쉽게 토익 700점을 넘길 수가 있다.

7, 9급 수험생이여!

이제는 영어 때문에 힘들어하지 말고 저자의 동시통역식 공부법으로 당당히 원하는 시험에 합격하라!

정확히 6개월이면
반드시 합격한다

    2배속 공부법으로 공부하면 누구나 6개월 안에 공시에 합격할 수 있다. 왜냐하면 2배속을 공부법을 실천하면 실제 시험에서 정확한 정답을 고를 수 있는 문제 풀이 감각을 충분히 키울 수 있기 때문이다.

감(感)	어떤 대상에 대한 반응으로 나타나는 기분이나, 직관적으로 상황을 파악하는 능력 *<출처: 다음 DAUM 사전>*

    그동안 만나 본 여러 합격생에 따르면 공시에 합격하기 위해서는 시험장에서의 문제 풀이 감각이 정말 중요하다고 한다. 이들이 말하는 감각이란 그동안 공부한 내용을 최대한 기억해내서 빨리 정답을 찾아내는 능력을 말한다.

합격생에 따르면 실제로 시험을 볼 때 정답이라는 느낌이 들면 바로바로 답안을 표시해야 합격할 수 있다고 한다.

9급의 경우 5과목에 제한 시간은 100분이다. 수학적으로 1문제당 1분이 주어지는 것이다.

하지만 난도가 높은 문제나 답안지에 정답을 표시하는 시간까지 고려해볼 때 1문제당 1분 이상이 걸리면 합격이 어렵다. 특히 해가 갈수록 지문이 유난히 길어지는 영어 과목이 있으므로 1문제당 걸리는 시간은 더욱 짧아질 수밖에 없다.

더구나 실제 시험에서 최대한 정답을 고르기 위해서는 모든 문제를 딱 한 번만 풀이해서는 곤란하다. 이를 위해 풀이 과정에서 정답이 애매한 문제는 나중에 다시 한번 더 점검해봐야만 한다.

이 정도면 거의 모든 문제에 대해서 자세히 생각할 시간도 없이 읽는 즉시 정답을 표시해야만 한다. 심하게 말해서 무의식적인 느낌으로 빨리 정답을 찾을 수 있어야 한다. 이것이 바로 앞에서 말한 문제 풀이 감각이다.

이러한 감각은 절대로 하루아침에 만들 수가 없다. 오직 교재의 수많은 반복과 모의고사를 포함한 여러 가지 시험에 응시해본 경험을 통해서 키워지는 것이다.

하지만 안타깝게도 기존의 모범생 공부법으로는 이러한 문제 풀이 감각을 쉽게 만들기가 어렵다. 어찌 보면 이 감각은 수없는 시행착오를 통해서 스스로 깨달아야만 하는 능력이다. 그리고 이러한 깨달음은 오랜 기간의 노력으로 모범생 공부법에 익숙한 소수의 수험생만이 가능하다.

따라서 모범생 공부에 익숙하지 않은 수험생은 2배속 공부법을 통해 이러한 감각을 키워야만 한다.

2배속 공부법은 실제 시험에서 합격에 필수적인 정확한 문제 풀이 감각을 키우기에 가장 적합한 공부법이다. 그 이유는 다음과 같다.

1. 낭독 훈련을 통해 그동안 공부한 내용이 **장기기억**에 정확하게 저장되어 있다.

2. **2배속 듣기 훈련**을 통해서 **실제 시험 문제 풀이에 필요한 속독 능력**을 키울 수 있다.

3. **중요단어 선별 읽기 훈련**을 통해 실제 시험 지문에서 **핵심 부분을 정확히 골라낼** 수 있다.

4. **편도체를 감정적으로 자극하는 공부법**을 통해 공부한 내용이 확실하게 **장기기억**으로 저장되어 있다.

5. **설계도식 공부법**을 통해 공부한 내용이 **장기기억에 체계적으로 저장**되어 있다.

6. **동시통역식 2배속 영어공부법**을 통해 **영어 과목에 자신감**을 가지게 된다.

이처럼 2배속 공부법을 실천하는 수험생은 1~6까지의 훈련을 통해 공시 합격을 위한 문제 풀이 감각을 6개월 안에 쉽게 만들 수가 있다.

여러분 또한 2배속 공부법을 철저히 실천한다면 충분히 6개월 안에 원하는 시험에 쉽게 합격할 수가 있다.

2배속 공부법은 과학 그 자체다. 레오나르도 다 빈치가 말한 '단순함은 궁극의 정교함이다.'라는 진리를 실천한 세계 최고의 과학적인 공부 방법이다.

한글만 알아도
공무원 합격한다

정말 한글만 알아도 공무원 합격할 수 있다. 정말이다.

그동안 저자가 분석한 수많은 합격생과 뇌과학 연구를 통해 내린 결론이다.

밥솥으로 밥을 짓는다고 해 보자.

쌀 + 물 ➡ 밥솥 ➡ 밥

취사 버튼을 누르기만 하면 당연히 밥이 완성된다. 이를 공무원 공부에 적용해보면 이렇게 된다.

교재 + 공부 ➡ 두뇌 ➡ 장기기억

[쌀 = 교재, 물 = 공부, 밥솥 = 두뇌, 밥 = 장기기억]

즉 밥솥을 통해 쌀을 밥으로 만들 수 있듯이, 두뇌를 통해 교재 내용을 장기기억으로 만들 수가 있다.

이처럼 뇌과학적으로 볼 때 두뇌 속에서 장기기억이 만들어지는 원리는 단순명료하다. 이러한 지식을 통해 가장 빠른 기간 안에 공무원에 합격할 수가 있다.

하지만 지금까지의 어떠한 공부법도 이러한 원리를 만족시키지 못했다. 분명히 합격으로 가는 가장 빠른 길이 있는데도 힘들게 멀리 있는 길로 돌아가라고만 하고 있다.

[합격에 이르는 가장 빠른 길인 2배속 공부법]

따라서 철저하게 뇌과학적인 원리로 만들어진 2배속 공부법만이 최단기간에 합격을 보장해 줄 수가 있다. 마치 밥솥의 취사 버튼만 누르면 맛있는 밥이 완성되듯이, 2배속 공부법을 하게 되면 두뇌가 힘들이지 않고 저절로 장기기억을 만들어 낼 수가 있다.

이제 이 책에 나온 각 장의 내용을 간단히 정리해 주겠다.

#제1장. 왜 2배속 공부법이 필요한가?

▶ 장기기억은 두뇌의 측두엽에 저장된다. 따라서 장기기억에 중요한 해마와 가까이 있는 청각피질을 강하게 자극할 수 있는 낭독이 묵독보다 공부에 훨씬 도움이 된다.

▶ 일반적인 생각과 달리 집중력은 절대로 단기간에 키울 수가 없다. 따라서 보통의 수험생은 합격에 불리할 수밖에 없다. 하지만 낭독에 의한 2배속 공부법으로 이러한 집중력을 단기간에 키울 수가 있다.

▶ 공무원 합격에 있어 여러분의 적은 다른 수험생이 아닌 시험 문제를 내는 출제 위원이다. 이들 또한 모범생 공부법

에 익숙한 사람들이다. 따라서 이들을 이기려면 소수의 합격생만을 위한 복잡한 모범생 공부법이 아닌 단순하고 실전적인 2배속 공부법을 실천해야만 한다.

▶ IQ가 높다고 해서 합격하는 것이 아니다. 의지력이 강해야 합격을 한다. 하지만 보통의 수험생은 의지력 또한 약하다. 따라서 이를 키울 수 있는 2배속 공부법을 해야만 한다. 특히 인간의 기억력은 대체로 비슷하므로 기억력만을 평가하는 시험인 공무원 시험에 최적화된 2배속 공부법을 더욱더 실천해야만 한다.

▶ 2배속 공부법은 '오컴의 면도날의 원리'에 따라 모든 수험생이 쉽게 따라 할 수 있도록 정말 단순하게 만들었다. 하지만 그 효과는 6개월 안에 누구나 합격이 가능할 정도로 대단히 강력하다.

#제2장. 무조건 합격하는 2배속 공부법

▶ 낭독은 의지력이 약한 수험생이 자신의 시각을 교재의 문장에 집중할 수 있도록 하는 최고의 공부 방법이다.

▶ 2배속 공부법은 합격에 중요한 속발음을 빠르게 할 수 있는 최고의 방법이다.

▶ 2배속 공부법은 단순하므로 작업기억에 병목현상이 일어나지 않는다. 이로 인해 장기기억이 잘 만들어지게 된다.

▶ 2배속 공부법은 장기기억의 중계소인 해마가 최대한 효율적으로 작동하도록 만든다. 이를 통해 장기기억 중 합격에 중요한 의미기억이 잘 만들어지게 된다.

▶ 2배속 공부법을 하게 되면 장기기억을 만드는 속도가 4배 이상 빨라진다. 따라서 반드시 6개월 안에 합격하게 된다.

#제3장. 모범생처럼 공부하지 마라

▶ 복잡한 모범생 공부법은 '뷔리당의 당나귀'인 대다수 수험생을 결정 장애인으로 만들고 있다. 따라서 세상에서 가장 단순한 2배속 공부법을 실천해야만 한다.

▶ 편도체를 자극하는 기억은 오래간다. 연기자가 자신의 대사를 잘 암기하는 이유가 여기에 있다. 2배속 공부법은 이

러한 편도체 자극의 원리를 이용한 것이다.

▶ 중독은 두뇌의 기저핵을 통해 특정한 행동이 습관화된 것이다. 2배속 공부법은 이러한 중독의 원리를 스마트폰에 그대로 적용한 절묘한 공부법이다.

▶ 책의 목차는 책 내용의 핵심적인 내용만을 정리한 요약문이다. 이러한 목차를 적어가면서 공부하게 되면 장기기억을 더 쉽게 만들 수가 있다.

▶ 제한된 시간 안에 영어 문제를 빠르게 그리고 정확히 풀기 위해서는 영어를 영어 그대로 이해할 수 있어야 한다. 그 최고의 방법이 바로 동시통역식 영어공부법이다.

#제4장. 6개월 안에 공무원이 되는 공부법 5단계

▶ 어차피 해야 한다면 차라리 낭독하면서 정독하라. 하루 중 이성 친구와 대화하는 시간만 줄여도 녹음할 시간은 충분하다.

▶ 귀로 들으면서 교재의 문장을 내 손으로 빠르게 적고 있다

고 상상하라. 손은 교재의 내용과 두뇌 속 장기기억의 중계소와도 같기 때문이다.

▶ 2배속으로 공부하게 되면 장기기억을 만드는 속도가 4배 이상 증가한다. 따라서 교재를 5번만 반복하면 6개월 안에 충분히 원하는 시험에 쉽게 합격할 수가 있다. 공무원 합격의 공식이 'M=rc/b'에서 'M=4×rc/b'로 바뀌기 때문이다.

▶ 요약 녹음은 정말 재미있다. 요약 녹음을 듣는 과정에서 녹음하지 않은 부분에 대해 연상을 통해 유추할 수 있기 때문이다.

▶ 수석합격을 하고 싶다면 반드시 설계도식 공부법으로 마무리하라.

#제5장. 한글만 알아도 공무원 합격한다.

▶ 여러분의 무의식을 믿어라. 실제 시험에서 정말 큰 힘을 발휘한다.

▶ 실제 시험에서 본능적으로 하게 되는 중요단어 선별 읽기를 차라리 공부를 시작할 때부터 미리 훈련하라. 그만큼 합격이 빨라질 것이다.

▶ 토익(TOEIC) 700점을 넘기기 위해서는 영어를 영어 자체로 이해할 수 있어야 한다. 따라서 동시통역식 영어공부법을 실천해야만 한다. 동시통역식 영어공부법을 실천한다면 3개월 안에 쉽게 700점을 넘길 수 있다.

▶ 2배속 공부법을 실천하면 교재에 대한 집중력과 반복 횟수가 모두 2배로 늘어나기 때문에 장기기억을 만드는 속도가 4배 이상 빨라진다. 합격생의 평균 공부 기간이 2년(24개월)이므로 2배속 공부법을 하게 되면 공부 기간이 '24개월/4배=6개월'로 짧아진다. 따라서 2배속 공부법을 하게 되면 누구나 공무원 시험에 6개월 안에 합격할 수가 있다.

▶ 2배속 공부법은 세계 최고의 뇌과학적인 공부 방법이다. 2배속 공부법을 실천하게 되면 합격에 중요한 장기기억을 힘들이지 않고 쉽게 만들 수가 있다. 이처럼 2배속 공부법을 하게 되면 공부를 하지 않아도 저절로 공부가 될 것이며, 합격하지 않으려 해도 저절로 합격하게 될 것이다.

마지막으로 레오나르도 다 빈치(Leonardo da Vinci)가 말한 '단순함이란 궁극의 정교함이다.'라는 진리를 따라, 저자의 공부법을 단 하나의 문장으로 요약하겠다.

"녹음한 후에 2배속으로 들어라!"

저녁이 있는
행복한 삶을 위하여!

저자는 초등학교 행정실장이다. 근무시간은 오전 8시 40분부터 오후 4시 40분까지이다. 다른 직장에 비해 퇴근 시간이 빨라 저녁 시간에 마음껏 취미생활을 할 수 있다. 우리나라에서 이런 여유로운 삶을 꿈꿀 수 있는 직장이 과연 몇 개나 있을까?

통계에 따르면 우리나라의 1인당 연간 노동시간은 1,967시간으로 OECD 평균보다 241시간이나 많다.

이래서는 가족과의 관계가 서먹해질 수밖에 없다. 특히 한창 부모의 사랑과 관심이 필요한 나이의 자녀에게도 소홀해지게 된다.

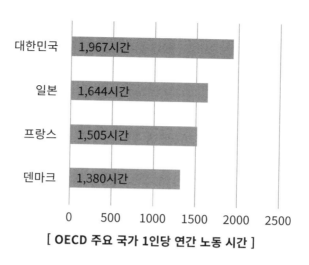

[OECD 주요 국가 1인당 연간 노동 시간]

알다시피 내가 마음에 여유가 있어야 상대방을 관대하게 대할 수 있다. 직장에서 밤늦게까지 상사의 갑질과 고된 일에 시달려서야 어떻게 가족에게 사랑과 관심을 줄 수 있겠는가?

"가정이야말로 고달픈 인생의 안식처요, 모든 싸움이 자취를 감추고 사랑이 싹트는 곳이요, 큰 사람이 작아지고 작은 사람이 커지는 곳이다."

유명한 소설 〈타임머신〉의 작가 허버트 조지 웰스(H.G. Wells)가 가정에 대해서 남긴 말이다.

웰스의 말처럼 가정은 누구에게나 편히 쉴 수 있는 곳이어야 한다. 하지만 우리나라의 현실은 그렇지 않은 듯하다. 당장 미디어에 나오는 우리의 가정과 관련된 수많은 부정적인 내용만 봐도 그렇다. 부부 갈등, 가정 폭력, 아동 학대 등. 우리가 교과서에서 배웠던 이상적인 가정의 모습과는 전혀 딴판이다.

 정신분석의 창시자 지그문트 프로이트(Sigmund Freud)에 따르면 스트레스와 같은 부정적인 에너지가 내부에 쌓이게 되면 정신적·육체적인 병이 생긴다고 한다. 이 때문인지 우리나라의 자살률은 OECD 국가 중 항상 1~2위를 차지하고 있다. 얼마나 힘들었으면 소중한 목숨까지 버릴까?

 우리나라는 1950년대에 전쟁을 겪고 나서 전 세계로부터 '한강의 기적'이라고 불리는 놀라운 경제 성장을 이루었다. 그렇지만 이러한 성공의 이면에는 살아남기 위해 상대방을 짓밟아도 된다는 무시무시한 경쟁주의와 이기주의의 그림자가 있었다.

 이런 세태를 반영하듯 언제부턴가 '갑질'이라는 말이 유행처럼 번지고 있다. 그동안 살아오면서 누구나 한 번쯤은 갑질을 당한 경험이 있을 것이다.

 "마트에서 일하는 주제에" 고객에 폭언 듣고 뇌출혈로 사망한 OO

에필로그

이 기사는 국내의 유명한 대형 상점인 ○○ 마트에서 계산원으로 일하던 직원이, 고객으로부터 참을 수 없는 모욕적인 말을 듣고 갑작스럽게 뇌출혈로 사망했다는 내용이다.

이 기사를 보고 참 마음이 아팠다. 예전에 편의점에서 겪었던 이와 유사한 경험이 떠올랐다. 대학 시절 편의점에서 아르바이트할 때 어떤 손님으로부터 "편의점에서 일하는 주제에"라는 말을 들은 적이 있기 때문이다.

편도체를 강렬하게 자극하는 충격적인 섬광기억(flashbulb memory)은 평생을 간다고 하지 않았던가? 저자는 고객의 가시 돋친 말에 크나큰 정신적인 충격을 받았을 고인의 아픔이 충분히 이해가 간다.

이처럼 누군가 무책임하게 내뱉은 말은 상대방의 정신건강에 악영향을 준다. 우리는 이것을 '갑질'이라고 부른다. 비단 갑질은 말을 통해서만 이뤄지는 것이 아니라, 이와 관련된 과격한 표정이나 행동 모두를 포함한다.

〈뇌과학의 모든 것〉을 쓴 뇌과학자 박문호 박사는 '감정

중독'이라는 말로 갑질이 정신건강에 미치는 부정적인 영향을 잘 설명하고 있다. 이것은 1938년에 제임스 파페치(James Papez)라는 미국의 신경 해부학자가 발표한 '파페츠 회로(Papez Circuit)'에 근거한 것으로, 두뇌에서 감정에 관여하는 부위들은 서로 연결되어 일정한 순환고리를 형성하고 있다는 것이다. 이로 인해 우리는 감정 중독이라는 부정적인 감정을 경험하게 된다고 한다.

[감정 중독의 무한 반복]
편도 ➡ 해마 ➡ 시상 ➡ 대상회 ➡ 해마 ➡ 편도 ➡ ⋯

즉 처음에 느꼈던 감정의 크기가 이 파페츠 회로를 한 바퀴 순환하고 난 뒤에는, 그 크기가 더욱 커진다는 것이다. 이것은 마치 거대한 감정의 소용돌이와도 같이 뇌의 전체적인 활동에 영향을 줌으로써, 결국에는 일상생활 자체가 불가능하게 되는 것이다. 쉽게 말해서 '우울증'에 빠지는 것이다.

정말 이 정도로 몸 상태가 안 좋아졌다면, 이직하거나 병원 진료를 통해 적절한 조치를 받아야만 한다. 이 상태를 그대로 방치한다면 자살과 같은 정말 극단적인 상황까지 갈 수도 있다. 미디어를 통해 자주 보도되는 여러 부정적인 뉴스를 통해 갑질이 얼마나 심각한 사회 문제인지를 쉽게 알

에필로그

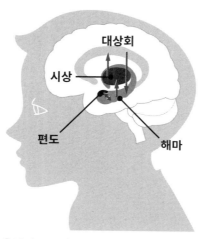

[감정 중독의 무한 반복: 파페츠 회로]

수가 있을 것이다.

　인간은 감정적인 동물이다. 아무리 고등교육을 받았고 만인에게 공평무사한 사람일지라도 자세히 보면 자신의 감정에 따라 움직일 뿐이다. 왜냐하면 인간의 두뇌에서 이성을 관장하는 영역인 전두엽과 감정을 관장하는 영역인 변연계 간의 상호 연결을 비교해봤을 때, 전두엽에서 변연계로 가는 신경회로보다 변연계에서 전두엽으로 가는 신경회로가 훨씬 더 많기 때문이다.

　이처럼 인간은 두뇌 구조상 감정적으로 행동할 수밖에 없다. 따라서 부처와 같은 성인군자가 아닌 이상, 누군가로부터 갑질과 같은 모욕을 당하면 누구나 격한 감정을 경험하게 된다. 이것은 마치 주전자에 있는 차가운 물(이성)에 뜨거운 열기(모욕)를 가하면 그에 따라서 물의 온도가 올라가는 것(감정)과 같은 원리이다.

이처럼 우리는 외부의 수많은 자극에 감정적으로 영향을 받을 수밖에 없다.

인생은 단 한 번뿐이다. 이렇게 한 번뿐인 인생, 이왕이면 나와 내 가족 모두 건강하고 행복하게 사는 게 좋지 않을까?

저녁이 있는 여유롭고 행복한 삶을 위하여!

공무원에 도전하자!

공무원 시험
유익한 정보

공무원 시험은 종류가 많다.

지역별로는 국가직과 지방직이 있고
직렬별로는 일반행정직 이외에도 매우 다양하다.

여기서는 가장 많은 수험생이 응시하는
일반행정직과 교육행정직 및
최근에 주목받는 직렬인
시설관리직에 관해 설명하겠다.

☑ 시험 일정_(필기시험 기준)

국가직 9급은 2022.4.2.(토)에 시험이 있다.

국가직 7급은 제1차 시험이 2022.7.23.(토), 제2차 시험이 10월 15일(토)에 있다.

지방직은 9급이 2022.6.18.(토)에 시험이 있고, 7급이 2022.10.29.(토)에 시험이 있다.

☑ 9급 시험 과목

- **국가직 및 지방직**
  국어, 영어, 한국사, 행정법총론, 행정학개론

- **교육행정직**
  국어, 영어, 한국사, 교육학개론, 행정법총론

☑ 7급 시험 과목

- **국가직 제1차 시험**
  PSAT(언어논리영역외), 영어(영어능력검정시험으로 대체), 한국사(한국사능력검정시험으로 대체)

- **국가직 제2차 시험**
  헌법, 행정법, 행정학, 경제학

- **지방직 필수**
  국어, 헌법, 행정법, 행정학

- **지방직 선택**
  경제학원론, 지방자치론, 지역개발론 중 1과목 선택

☑ 시험안내 인터넷 주소

- **국가직**
  인사혁신처 사이버국가고시센터 https://www.gosi.kr/
  uat/uia/gosiMain.do

- **지방직**
  해당 지역 도청 및 도교육청 홈페이지

☑ 지역 제한(2022년 기준)

  국가직은 지역별 구분모집에서 2022년 1월 1일을 포함하
여 1월 1일 전 또는 후로 연속하여 3개월 이상 해당 지역에
주민등록이 되어 있으면 응시할 수 있다. 다만, 서울, 인천,

경기 지역은 지역 제한이 없다.

　지방직은 2022년 1월 1일 이전부터 최종시험(면접시험)일까지 계속하여 응시지역에 주민등록상 주소지를 두고 있거나, 2022년 1월 1일 이전까지 주민등록상의 주소지가 응시지역으로 되어 있었던 기간이 총 3년 이상이어야 한다.

☑ 근무 지역

　국가직은 본인의 거주지와는 관계가 없이 중앙행정기관에서 근무하게 된다. 국가직 교육행정직은 교육부나 국립 대학교에서 근무하게 된다.

　지방직은 본인의 거주지와 가까운 시청이나 읍면동의 행정복지센터에서 근무하게 된다. 지방 교육행정직은 도교육청이나 지역교육지원청 혹은 초·중·고등학교 행정실에서 근무하게 된다.

☑ 근무 시간

　중앙행정기관이나 지방자치단체 기본적으로 오전 9시부터 오후 6시까지 근무하게 된다. 다만 학교 행정실은 교사들과 같이 오전 9시부터 오후 5시까지 근무하게 된다.

☑ 나이 제한

5급과 7급은 20세 이상(2002.12.31. 이전 출생자), 9급은 18세 이상 (2004.12.31. 이전 출생자)이다(다만, 9급의 교정·보호직은 7급과 동일하게 20세 이상).

☑ 가산점

1, 2점 차이로 당락이 결정되는 공무원 시험에서 가산점이 있다는 것은 정말 큰 행운이다. 일반행정직은 변호사와 변리사 자격증이 있다면 5점의 가산점을 교육행정직은 변호사 자격증이 있다면 역시 5점의 가산점을 받을 수 있다.

특히 취업지원대상자나 의사상자의 유족이나 가족은 5점이나 10점의 가산점을 받을 수가 있다. 본인이 이에 해당하는지 정확하게 알고 싶다면, 취업 지원 대상자는 국가보훈처(1577-0606), 의사상자는 보건복지부 사회서비스자원과(044-202-3255)로 문의하면 된다.

☑ 교육청 소속 9급 시설관리직

　마지막으로 최근에 주목받고 있는 직렬인 각 지역 교육청 소속 9급 시설관리직에 관해 설명하겠다.

　교육청 소속 시설관리직은 교육청이나 학교의 시설을 관리하는 공무원이다. 육체적인 일을 주로 하다 보니 대개의 수험생은 응시를 꺼리는 경향이 있다. 하지만 과거와 비교해 급여나 승진에서 대우가 무척 좋아졌기 때문에 점점 더 많은 수험생이 이 직렬에 도전하고 있다. 특히 최근에는 이른바 베이비붐 세대에 속한 공무원이 많이 퇴직하고 있어, 각 지역에 있는 교육청에서는 어느 때보다 많은 시설관리직을 신규로 채용하고 있다. 따라서 일반직공무원의 기본인 회계 업무를 맡는 것이 부담스러운 수험생은 시설관리직에 도전해보는 것도 좋을 것이다.

　시험 과목은 한국사, 사회 등 2과목이다. 자격증은 필수로 있어야 하며 종류는 아래와 같다.

■ 자격증
　기능장(전기), 기사(전기, 전기공사, 토목, 건축설비, 건축, 소방설비, 조경), 산업기사(전기, 전기공사, 기계정비, 토목, 건축설비, 건축, 소방설비, 조경), 기능사(전기, 기계정비, 조경)
　단, 기능사 자격증 보유자의 경우, 자격 취득 후 자격증 관련 분야 근무경력이 최종(면접) 시험일까지 2년 이상이어야 함.

참고자료

- Mark A. Gluck외 공저, 최준식외 옮김, <학습과 기억>, ㈜시그마프레스
- 강금희외 옮김, <Newton Highlight, 뇌와 뉴런>, ㈜ 아이뉴턴
- Joseph LeDoux 지음, 최준식 옮김, <느끼는 뇌>, 학지사
- 더글라스 무크 지음, 진성록 옮김, <당신이 고정관념을 깨뜨릴 심리실험 45가지>, 부글북스
- 탈리 샤롯 지음, 김미선 옮김, <설계된 망각>, 리더스북
- 한상무 지음, <책을 읽으면 왜 뇌가 좋아질까? 또 성격도 좋아질까?>, 푸른사상
- 홍진표 지음, <생각코딩, 머리를 잘 쓰는 사람들의 비밀>, 김영사
- 크리스토프 코흐 지음, 김미선 옮김, <의식의 탐구>, ㈜시그마프레스
- 조영은 지음, <처음 시작하는 심리학>, 소울메이트
- 김병완 지음, <48분 기적의 독서법>, 미다스북스
- 김병완 지음, <초의식 독서법>, 싱긋
- 데이비드 이글먼 지음, 전대호 옮김, <THE BRAIN>, 해나무
- 김보경 지음, <낭독은 인문학이다>, 현자의 마을
- 이종태, <초등학생의 교과 어휘력 격차>, 교육을 바꾸는 사람들
- <9급 공무원 시험 면접자의 대학교 학점 조사>, 한국직업능력개발원 조사

- 일란성 쌍둥이와 이란성 쌍둥이의 학습 능력에 관한 자료
  <https://www.ncbi.nlm.nih.gov/pmc/articles/PMC2841819/>

- 영유아의 기질 조사 자료
  <https://m.news.nate.com/view/20210611n17517?hc=919299&mal=01>

참고자료

- **공무원 시험 평균 준비 기간 자료**
  <https://go.seoul.co.kr/news/newsView.php?id=20171016001006>

- **쥐의 습관화와 기저핵에 관한 실험 자료**
  <https://medium.com/@PRHDigital/the-power-of-habit-64e8a3d42abd>

- **한국인 1인당 연간 노동 시간에 관한 통계 자료**
  <https://kosis.kr/statHtml/statHtml.do?orgId=101&tblId=DT_2KAA314_
  OECD>

공무원 2배속 스마트폰 합격법

초판발행일 2022년 4월 25일

지은이 송기범
펴낸이 배수현
표지디자인 유재헌
내지디자인 박수정
제 작 송재호
홍 보 배예영
물 류 이슬기

펴낸곳 가나북스 www.gnbooks.co.kr
출판등록 제393-2009-000012호
전 화 031) 959-8833(代)
팩 스 031) 959-8834

ISBN 979-11-6446-055-7(13350)